Cultura de paz

O que os indivíduos, grupos, escolas e organizações podem fazer pela paz no mundo

Cristina Von

Copyright © 2006 by Cristina Von

Editora Renata Farhat Borges
Editora assistente Noelma Brocanelli
Projeto gráfico e diagramação Cia. Editorial
Revisão Fernanda Rodrigues
Ilustrações Taisa Borges
Capa Luciano Bernardes

Dados Internacionais de Catalogação na Publicação (CIP)
Angélica Ilacqua CRB-8/7057

Von, Cristina
  Cultura de paz: o que os indivíduos, grupos, escolas e organizações podem fazer pela paz no mundo / Cristina Von. 2. ed. – São Paulo: Peirópolis, 2013.

ISBN 978-85-7596-333-3
        1. Direitos humanos 2. Tolerância 3. Paz I.Título.

13-1034   CDD 303.66

Índices para catálogo sistemático
1. Cultura de paz: Sociologia

2.ed., 2013 – 2ª reimpressão, 2018

Rua Girassol, 310F – Vila Madalena
05433-000 – São Paulo – SP
Tel.: (5511) 3816-0699
vendas@editorapeiropolis.com.br
www.editorapeiropolis.com.br

MISTO
Papel produzido a partir
de fontes responsáveis
FSC® C106952

Apresentação

Quando eu era criança, na década de 1960, ouvia notícias sobre a guerra e a pobreza, mas pensava que até ficar adulta as soluções já teriam sido encontradas e que o mundo seria um jardim de paz.

No final de 2001, diante do terrorismo e de mais uma guerra, cheguei à conclusão que minha geração não veria coisa melhor e que, talvez, nem as próximas.

Por algum tempo, fiquei sem saber o que podemos prometer às crianças – nós que fazemos parte do mundo dos adultos, aqueles que deveriam construir.

Conseguimos chegar à Lua, temos telefone celular, estamos conectados por uma rede de computadores e o mapa genético está decifrado, mas as pessoas continuam morrendo de fome, de doenças curáveis ou em conflitos armados.

As imagens de crianças desnutridas da África ou de carros-bomba explodindo no Oriente Médio tanto poderiam ter sido feitas ontem como há trinta ou quarenta anos.

Essa reflexão me fez pesquisar a atual situação do mundo: quem somos, quais os nossos problemas e quais os desafios que devemos enfrentar.

Os primeiros dados que obtive me deixaram bastante chocada, mas quando percebi o enorme exército de organizações e pessoas que lutam por uma sociedade mais humana, minhas esperanças ressurgiram.

Este livro é uma coletânea do melhor que pude encontrar sobre a cultura de paz. Não é um livro de respostas prontas, é um material de conscientização para aqueles que estão interessados em construir um mundo melhor. Procurei não reproduzir integralmente alguns documentos e tabelas com dados estatísticos para que o leitor não desista de ir até o fim do livro. Aqueles que quiserem aprofundar-se no tema poderão consultar a lista de *sites* inserida no capítulo "Informações".

Também gostaria de dizer que o fato de nos ocuparmos com temas mundiais não significa que estamos deixando de lado os problemas locais. A ampliação da consciência e do conhecimento sempre soma benefícios e facilita o encontro de soluções.

Para aqueles que se encontram paralisados ou desanimados diante de uma realidade difícil de mudar, lembro que toda caminhada começa com o primeiro passo.

Sumário

Paz	7
Tolerância	31
Direitos humanos	65
Problemas	85
Desenvolvimento	99
Informações	131

"Não existe um caminho para a paz.
A paz é o caminho"
Mahatma Gandhi

Paz

« O mundo está dominado por uma cultura de guerra e de violência; é preciso transformá-la numa cultura de paz. »
Federico Mayor, Diretor Geral da Unesco

I. A educação para a paz

No ano 2001, 64 mil pessoas perderam a vida em 31 guerras: 22 internas e nove envolvendo países soberanos.

Se olharmos a história mais atentamente, perceberemos que nunca, no mundo, houve **paz**. Pelo menos, não a paz completa.

Apesar disso, conseguimos formar a imagem de um **mundo fraterno**. Se essa imagem está presente em nossas mentes, por que é tão difícil transportá-la para a realidade?

Será que queremos a paz e não sabemos como construí-la?

Desde 1995, tem-se intensificado no mundo a discussão da necessidade de uma **educação para a paz**, baseada em princípios que garantam a dignidade humana, levando em conta o **respeito** às diferenças, a superação das situações de exclusão, a **solidariedade** entre os povos e o **diálogo** como instrumento de negociação.

Essa discussão tem mobilizado governos e sociedade civil, ONGs e **educadores** para criar ações em todos os níveis, para que as próximas gerações não tenham de continuar contabilizando a perda de vidas humanas.

> Questões atuais com que se defrontam a atual e as futuras gerações não se limitam às fronteiras nacionais, tampouco às fronteiras regionais. A poluição, as migrações, os conflitos, o tráfico de drogas, as doenças e o desemprego são questões mundiais. Ao educar o cidadão mundial, pretende-se demonstrar até que ponto os interesses pessoais, nacionais e mundiais estão interligados. **Vivemos num só mundo** – respiramos o mesmo ar, utilizamos a mesma água, dependemos dos mesmos recursos e partilhamos as mesmas emoções. As questões globais são verdadeiramente importantes para preparar os jovens para a vida num mundo cada vez mais interdependente. A **aldeia global** torna-se cada vez mais uma realidade para as gerações futuras. (...) A **educação internacional** deverá ser orientada para a promoção da sobrevivência humana – um esforço conjunto para lutar contra a desigualdade, a injustiça e a utilização da força.
>
> (Material educativo sobre as Nações Unidas, publicado por ocasião do quinquagésimo aniversário, 1995)

Declaração e Programa de Ação sobre uma Cultura de Paz (ONU)

A paz não só é a ausência de conflito, mas requer uma participação positiva, dinâmica, em que o diálogo é encorajado e os conflitos, resolvidos em um espírito de **compreensão mútua e cooperação.**

Reconhecendo a necessidade de eliminar todas as formas de discriminação e intolerância, incluindo as de raça e cor, sexo, idioma, religião, opinião política, origem nacional, étnica ou social, propriedade, inaptidão, nascimento ou outro estado, a Unesco proclamou 2000 o **"Ano Internacional da Cultura de Paz"** e o período 2001-2010, a "Década Internacional para uma Cultura de Paz e Não Violência para as Crianças do Mundo".

A declaração serve de guia para que governos, organizações internacionais e sociedade civil possam planejar sua atividade e tomar providências para promover e fortalecer uma **cultura de paz** no novo milênio.

Uma cultura de paz é um conjunto de **valores, atitudes, tradições, comportamentos e modos de vida**, baseado em:

- **respeito pela vida** e prática da não violência por meio da educação, do diálogo e da cooperação;
- respeito pelos **princípios** de soberania, integridade territorial e independência política;
- esforços para satisfazer as **necessidades de desenvolvimento** e as necessidades ambientais de gerações presentes e futuras;
- respeito e promoção de direitos e **oportunidades iguais** para mulheres e homens; eliminação de todas as formas de discriminação contra mulheres;
- respeito ao direito à **liberdade de expressão**, opinião e informação, e sua promoção; fluxo livre de informação em todos os níveis;
- adesão aos **princípios** de liberdade, justiça, democracia, tolerância, solidariedade, cooperação, pluralismo, diversidade cultural, diálogo e entendimento em todos os níveis da sociedade e entre nações;
- determinação calma na resolução de conflitos, respeito mútuo, **entendimento** e cooperação internacional;
- democracia que promova o desenvolvimento e o respeito universal e observância de todos os **direitos humanos** e liberdades fundamentais; instituições democráticas que fortaleçam e assegurem a participação no processo de desenvolvimento;
- transparência crescente e **responsabilidade** em governar;
- formação de pessoas em todos os níveis para desenvolver habilidades de diálogo, **negociação e consenso**, que conduzam à resolução pacífica das diferenças;
- erradicação da pobreza e do analfabetismo, reduzindo as desigualdades nas nações e entre elas;
- desenvolvimento econômico e social **sustentável**;
- garantia de respeito, promoção e proteção dos **direitos das crianças**;
- eliminação de todas as formas de racismo, xenofobia e intolerância;
- compreensão, **tolerância** e **solidariedade** entre todas as civilizações, pessoas e culturas, incluindo diferentes etnias, religiões e minorias linguísticas;
- direitos de **todas as pessoas**, incluindo as que vivem sob formas coloniais ou outras formas de ocupação estrangeira.

Todos os países devem entrar em ação para:

- assegurar que as crianças, desde pequenas, beneficiem-se de uma educação com valores, atitudes, comportamentos e modos de vida que as habilite a solucionar qualquer disputa **pacificamente**, com um espírito de respeito humano, dignidade, tolerância e não discriminação;
- envolver as crianças em atividades que incitem os valores e as metas de uma **cultura de paz**;
- assegurar igualdade de acesso de **mulheres** à educação (especialmente meninas);
- encorajar a revisão de currículos educacionais, até mesmo dos **livros** didáticos;
- criar ações para promover o desenvolvimento econômico e social sustentável, **erradicar a pobreza** e reduzir as desigualdades econômicas e sociais;
- criar medidas que enfoquem as prioridades de mulheres e crianças e de grupos com necessidades especiais;
- fornecer ajuda para o desenvolvimento, em situações de conflito;
- assegurar sustentabilidade ambiental, até mesmo para a preservação e regeneração dos **recursos naturais**;
- assegurar o direito de autodeterminação dos povos, em particular daqueles que vivem sob ocupação ou dominação estrangeira que afete o desenvolvimento social e econômico;
- praticar ações para promover o respeito por todos os **direitos humanos**;
- criar ações para assegurar **igualdade** entre mulheres e homens em decisões nos níveis econômico, social e político;
- criar ações para nutrir a participação democrática;
- combater o terrorismo, o crime organizado, a corrupção e a produção, o tráfico e o consumo de drogas e a lavagem de dinheiro;
- promover ações para avançar na **compreensão, na tolerância e na solidariedade.**

Manifesto 2000
Por uma cultura de paz
e não violência

O Manifesto 2000 foi esboçado por um grupo de prêmios Nobel da Paz para traduzir as resoluções das Nações Unidas para a linguagem cotidiana e torná-las relevantes para todos os povos do planeta. Tornou-se público em Paris em 4 de março de 1999 e foi aberto às assinaturas de todas as pessoas ao redor do planeta, que quisessem assumir o compromisso de ajudar a forjar um mundo mais digno e harmonioso. Diz o texto:

"Eu me comprometo em minha vida cotidiana, na minha família, no meu trabalho, na minha comunidade, no meu país e na minha região a:

1. RESPEITAR A VIDA: respeitar a vida e a dignidade de cada pessoa, sem discriminar nem prejudicar;

2. REJEITAR A VIOLÊNCIA: praticar a não violência ativa, repelindo a violência em todas as suas formas: física, sexual, psicológica, econômica e social, em particular contra os mais fracos e vulneráveis, como as crianças e os adolescentes;

3. SER GENEROSO: compartilhar o meu tempo e meus recursos materiais, cultivando a generosidade, a fim de terminar com a exclusão, a injustiça e a opressão política e econômica;

4. OUVIR PARA COMPREENDER: defender a liberdade de expressão e a diversidade cultural, privilegiando sempre o diálogo, sem ceder ao fanatismo nem à maledicência e à rejeição ao próximo;

5. PRESERVAR O PLANETA: promover um consumo responsável e um modelo de desenvolvimento que considere a importância de todas as formas de vida e o equilíbrio dos recursos naturais do planeta;

6. REDESCOBRIR A SOLIDARIEDADE: contribuir para o desenvolvimento da minha comunidade, propiciando a plena participação das mulheres e o respeito aos princípios democráticos, com o fim de criar novas formas de solidariedade."

A arte de viver em paz

O programa **"A Arte de Viver em Paz"**, criado pela Universidade Holística Internacional de Brasília (Unipaz) e publicado pela Unesco, segue o seguinte processo de conscientização: a paz consigo mesmo (ecologia e consciência pessoal), a paz com os outros (ecologia e consciência social) e a paz com a natureza (ecologia e consciência planetária).

No plano individual, é preciso alcançar a paz do corpo, cuidando da **saúde**; a paz do coração, trabalhando emoções como a raiva, o ciúme e o apego; e a paz da mente, relaxando e silenciando a agitação dos pensamentos.

Atualmente, a educação enfatiza o corpo, como educação física, e o intelecto, como disciplina mental. Há uma necessidade de restabelecer o contato da consciência, ou do espírito, com a vida emocional, enfatizando a **alegria** de compartilhar; o **amor**, no sentido de querer a felicidade de todos; a **compaixão** de procurar aliviar o sofrimento dos outros e de saber colocar-se no lugar deles; a **equidade**, estimulando os sentimentos do bem para todos os seres e não somente para os que convivem conosco.

No plano da vida mental, dissolver a fantasia da separabilidade, com uma visão holística de que tudo depende de tudo e que somos todos "feitos", ou constituídos, do mesmo espaço-energia consciencial, da mesma essência que muitos chamam de "divino".

No plano da sociedade, é preciso agir sobre aspectos que pertencem à cultura, à vida, à política, ao **hábitat** e a aspectos materiais e econômicos.

Na cultura, precisamos reintroduzir, por meio das mídias, o espírito ligado aos grandes valores da humanidade, também chamados de "valores espirituais": a verdade, a beleza e o amor; a **liberdade**, a igualdade e a fraternidade.

É preciso dissolver hábitos e comportamentos que provêm de um consenso geral ou parcial e que conduzem ao sofrimento, à doença ou mesmo à morte, como a guerra **"justa"**.

Nos planos social e político, substituir a competição pela cooperação, pela capacidade e ação de unir os esforços de todos em benefício da harmonia e do bem comum.

E, no plano da natureza, a **educação ambiental** deve educar para o respeito à vida em todas as suas formas, até mesmo a vida humana.

Para finalizar, a tecnologia deve colocar-se a serviço de valores construtivos, beneficiando a todos e não apenas a um grupo.

A educação global

A globalização é um processo que não atinge somente a economia. O termo "aldeia global", criado nos anos 1960, tornou-se uma realidade. As crianças de hoje deverão estar preparadas para viver num mundo cada vez mais integrado.

O conceito de educação global envolve, entre outros, temas como **paz, ética, direitos humanos, racismo, cidadania, democracia, desenvolvimento, meio ambiente, ecologia e saúde**, temas que podem ser inseridos nos currículos e nas matérias tradicionais, desde que a escola e os professores estejam abertos a esse desafio.

O que as escolas podem fazer

- Promover **atividades em grupo**: a cooperação e o debate promovem o respeito por opiniões diferentes, incentivam a discussão como forma de encontrar soluções para problemas comuns e desenvolvem o espírito crítico e aberto.

- Dar poder de decisão aos estudantes: poder tomar **decisões** em grupo e assumir suas consequências é um exercício de democracia, que envolve proposição, deliberação, ação, responsabilidade e justiça. A **participação** na elaboração das normas faz com que os estudantes sintam-se livres para segui-las, diminuindo a sensação de que as regras são impostas e melhorando a disciplina.

- Estimular a pesquisa: **descobrir organizações** locais e internacionais que trabalham pelo bem comum e estar atualizado quanto à realidade mundial formam uma mentalidade internacional, uma **visão planetária** e um sentimento humanitário.

- Promover a revisão dos currículos e dos materiais didáticos: qualquer mudança exige tempo, mas a escola deve estar atenta quanto aos **livros adotados**, principalmente os de história, observando eventual forma de racismo ou discriminação em seu conteúdo.

O que os professores podem fazer

- Dar aos estudantes a possibilidade de refletir sobre o futuro (possível, provável ou desejável) e mostrar como as pessoas, individual ou coletivamente, podem influenciá-lo, demonstrando otimismo e confiança no potencial humano, na "família humana".
- Ver o aprendizado como um processo contínuo, colocando-se ao lado do estudante para discutir ideias, preocupando-se mais em obter boas perguntas do que em fornecer ou receber respostas corretas.
- Abordar temas delicados com sensibilidade.
- Lembrar que, além de questões mundiais, estarão sendo trabalhadas atitudes, valores e crenças individuais.

Atividades na escola que identifiquem:

- Como evitar conflitos e garantir que todos tenham tratamento igual e justo.
- As alternativas para a **resolução pacífica** de confrontos: diálogo, negociação, diplomacia, intermediação etc.
- As regras e os princípios que garantem a convivência em sociedade (na família, em classe, na escola, na comunidade, no país, no mundo etc.).
- O que representa ser um cidadão brasileiro e o que representa ser um **"cidadão do mundo"** ou "cidadão global".
- Os **símbolos** da paz.
- Como a cultura da paz está presente na música e nas **artes**.

O que você pode fazer

As estatísticas mostram que um jovem de 14 anos já assistiu a mais de dez mil assassinatos na televisão. Uma hora de desenho animado pode apresentar mais de cem atos de violência.

Para ajudar a criar uma cultura de paz, você deve:

- desencorajar a adoção de qualquer medida unilateral;
- estimular o **desarmamento** completo;
- não comprar algo que promova ou glorifique a violência (camisetas, adesivos, CDs, fitas de vídeo etc.);
- apoiar a **liberdade** de imprensa, de informação e de comunicação (incluindo a Internet) para todos os grupos;
- promover os meios de comunicação em que a comunidade possa expressar suas necessidades e participar de decisões (rádios comunitárias, jornais de bairro etc.);
- apoiar **ações solidárias** que ajudem todas as pessoas que têm que se integrar ou reintegrar na sociedade (migrantes, ex-presidiários, desempregados etc.);

- lutar pelo direito de todos a um **padrão de vida adequado**, com saúde, bem-estar, alimentação e educação;
- afirmar que serviços sociais, alimentação e medicamentos, entre outros, não devem ser usados como ferramenta política;
- promover maior **envolvimento das pessoas** na prevenção e resolução de conflitos e, em particular, em atividades que promovam uma cultura de paz;
- convidar os vizinhos a construir um jardim ou mural no seu bairro, colocar **bandeiras brancas** nas janelas ou organizar um passeio a favor da paz, da não violência e do desarmamento;
- procurar envolver as **crianças** e os **idosos** nas atividades solidárias.

Valores da cultura da paz

> **Todos os estados mentais virtuosos – a compaixão, a tolerância, o perdão, o interesse pelo outro e assim por diante –, todas essas qualidades mentais são o autêntico darma, ou genuínas qualidades espirituais, porque todas essas qualidades mentais internas não conseguem coexistir com rancores ou estados mentais negativos.**
>
> *Dalai-lama*

Se quisermos colher a paz, temos de semear uma cultura baseada em valores que prezem o bem comum.

Nesse caso, os fins não justificam os meios; **os fins determinam os meios**. Não se pode combater a violência com violência, a falta de solidariedade com o egoísmo, a desigualdade social com a indiferença.

Precisamos disciplinar nossos pensamentos, nossas palavras e nossas ações, refletir sobre o que consideramos **valores** e retomar um sentido de humanidade, honrando nossa condição de seres humanos.

Hoje é quase uma vergonha ser honesto. A bondade é confundida com ingenuidade, a ética, com falta de esperteza e a **solidariedade**, com atos de quem tem tempo de sobra.

Nas horas de lazer, assistimos a filmes em que dezenas de pessoas são mortas apenas para aumentar a ação e o suspense.

Nas situações de catástrofe real, piadas surgem quase instantaneamente, divulgadas até mesmo pela Internet.

O simples ato de devolver uma carteira perdida vira manchete no noti-ciário, como se fosse um ato heroico, uma exceção à regra.

Temos de **semear** aquilo que realmente é importante para a construção de um homem melhor, de uma **sociedade melhor**. Com certeza, além de proporcionar a paz, esses valores nos ajudarão a **ser mais felizes**.

Amor: pode-se sentir amor por uma pessoa, pela humanidade, por uma causa, por Deus. O amor é o sentimento mais profundo que existe, porque traz em si um caráter altruísta. A bondade e a generosidade são alguns de seus frutos.

Compaixão: é a capacidade de se comover diante de circunstâncias que afetam os demais. Compadecer-se é uma forma de se colocar no lugar do outro, compartindo de seus sentimentos.

Solidariedade: faz com que a compaixão se transforme em ação.

Cooperação: aquele que coopera recebe cooperação. É o princípio da reciprocidade, cujo objetivo é o benefício mútuo.

Humildade: é aceitar o que não se pode controlar, é aceitar que nem tudo é perfeito ou da forma como achamos que deveria ser. É não se colocar numa posição acima ou abaixo dos demais. É ter a consciência de que tudo o que temos, do corpo à natureza, foi herdado e de que devemos ser depositários de confiança.

Liberdade: é o equilíbrio entre direitos e responsabilidades. "A liberdade de um termina onde começa a do outro."

Responsabilidade: é usar os meios adequados para conseguir um resultado positivo, não só para si, mas para os demais. É assumir o compromisso de cumprir o que se estabelece como dever, permanecendo fiel a si próprio e aos seus objetivos.

União: significa juntar forças, criar laços de cooperação, ter o sentimento de pertencer a um grupo. A união e a amizade exigem lealdade a si próprio, aos princípios e ao objetivo.

Flexibilidade: é a capacidade de adaptar-se às circunstâncias, aos ambientes, ao tempo e às pessoas. Ser flexível não significa ser condescendente, mas reconhecer a forma mais adequada de agir. A falta de flexibilidade manifesta-se na intransigência.

Sensibilidade: é a capacidade de identificação com os seres vivos e com a natureza. Normalmente está acompanhada de interesse, afeto, compreensão e generosidade. A insensibilidade e a indiferença demonstram falta de envolvimento ou de compromisso.

Temperança: é buscar o equilíbrio entre os extremos.

Prudência: é saber colocar-se reconhecendo e respeitando as circunstâncias. A falta de prudência, ou seja, a imprudência, gera a vergonha.

Paciência: não é a falta de ação. É saber esperar o tempo certo para agir.

Perseverança: é não desistir diante do primeiro obstáculo e permanecer fiel aos seus propósitos e confiante na vitória.

Respeito: é conhecer o próprio valor e honrar o valor dos demais. O respeito é a base da convivência e não pode ser exigido, mas reconhecido por aqueles que o cultivam como valor.

Tolerância: é reconhecer a liberdade e o direito que todos têm de ser, pensar e agir de acordo com suas convicções.

Honestidade: é ter coerência entre pensamentos, palavras e ações. Ser honesto consigo e com os outros inspira confiança.

Para exercitar esses valores, é aconselhável:

- ter a **mente aberta**;
- observar ao seu redor;
- colocar-se no lugar dos outros;
- **dialogar**;
- ser um bom ouvinte;
- procurar a conciliação;
- saber **pedir desculpas**;
- esclarecer rapidamente equívocos;
- admitir e corrigir erros;
- evitar críticas e julgamentos;

- **analisar** antes de reagir;
- ser um exemplo;
- comprometer-se e **cooperar**;
- reconhecer que todos têm valor;
- buscar o melhor momento para se expressar ou agir;
- evitar discussões que não cheguem a uma **conciliação**;
- **prestar atenção às pessoas** e às suas necessidades e carências, sem discriminá-las;
- **ajudar sem esperar retribuição**;
- negociar procurando sempre chegar a um acordo;
- procurar tornar a convivência sadia e harmoniosa;
- criar ambientes de respeito.

Desarmamento

A violência é o último recurso da incompetência.
Isaac Asimov

Após a Segunda Guerra Mundial, muitos países se convenceram da necessidade de criar uma organização que pudesse ajudar a evitar a guerra. Desde então, muito trabalho tem sido dedicado ao desarmamento geral e completo, em especial ao controle e à eliminação de armas nucleares.

Atualmente, uma comissão de desarmamento apresenta relatórios anuais à Assembleia Geral da ONU e recomenda a tomada de medidas cabíveis. O Tratado de Não Proliferação (TNP) conta com 184 países signatários.

A Agência Internacional de Energia Atômica (AIEA), com 159 países membros, verifica a utilização da tecnologia nuclear para fins pacíficos.

Armas nucleares

A primeira bomba atômica destruiu, em 6 de agosto de 1945, a cidade japonesa de Hiroshima, matando instantaneamente 78 mil pessoas e ferindo outras 40 mil. Três dias depois, uma segunda caiu sobre a cidade de Nagasaki, matando mais 40 mil pessoas. Na época, só um país possuía a bomba atômica.

Hoje, oficialmente, 5 países – Estados Unidos, Inglaterra, Rússia, China e França – possuem a tecnologia da bomba atômica e comprometem-se a não transferi-la. Também possuem armas nucleares: Israel, Índia, Paquistão e Coreia do Norte. Cerca de 30 países, incluindo o Brasil, possuem tecnologia para gerar energia por meio de usinas nucleares.

Armas químicas e biológicas

Envenenar reservatórios de água é uma estratégia de guerra conhecida desde a Antiguidade. Mas talvez o homem tenha se dado conta do potencial destrutivo dessa estratégia durante a Primeira Guerra Mundial, quando 90 mil civis e militares foram vitimados por toneladas de agentes tóxicos, como derivados de cloro e gás mostarda. Assim, em 1925, foi criado o Protocolo de Proibição do Uso em Guerras de Gases Asfixiantes, Venenos e Outros e de Métodos Bacteriológicos, conhecido como Protocolo de Genebra, que vetava a utilização de armas químicas em guerras, mas não o seu desenvolvimento, a sua produção e a sua guarda.

A Convenção para Proibição de Armas Químicas (CPAQ) é um tratado internacional de 1993 que proíbe o desenvolvimento, a produção, o armazenamento e a utilização de armas químicas, prevendo a sua destruição. A Convenção conta com 188 estados-membros, incluindo o Brasil, que não possui armas químicas em estoque e nem as fabrica.

A Organização para Proibição de Armas Químicas (OPAQ) foi criada em 1997 com a finalidade de colocar em prática a política da CPAQ, monitorando certas atividades na indústria química, confirmando a destruição das armas e apoiando os países membros.

Algumas armas químicas e biológicas

Gás mostarda – Um agente químico que desfolha a floresta para deixar os inimigos vulneráveis. Usado no Vietnã na década de 1960, pode ser disparado sobre o alvo por meio de granadas e é capaz de queimar a pele e produzir graves danos ao pulmão.

Antraz – Doença infecciosa causada pelo *Bacillus anthracis*. Pode ser contraída por inalação, ingestão ou infiltração na pele. Os sintomas aparecem em sete dias e podem confundir-se com um resfriado comum, antes de causar uma insuficiência respiratória. Pode causar morte em um ou dois dias.

Gases neurotóxicos – São produtos incolores e que não possuem cheiro. Envenenam o sistema nervoso e interrompem funções vitais do corpo humano. São as mais modernas e potentes armas químicas, perdendo apenas para as toxinas.

Gás sarin – É tão mortal quanto um ataque militar de cem projéteis de artilharia por quilômetro quadrado. Pode matar em poucos segundos.

Gás cloro – Substância amarelo-esverdeada, com odor desagradável. É corrosivo para os olhos e pode causar feridas na pele.

Epidemias

Varíola – Uma doença que, erradicada em 1977, mas cujo vírus é mantido em laboratórios, pode retornar ao mundo por meio de armas. Os sintomas são febre, fadiga, dores no corpo e erupções na pele. Pode causar morte no período de duas semanas.

Febre tifóide – É causada pela bactéria *Salmonella tiphosa*. As pessoas contaminadas apresentam febre, tosse, perda de apetite, diarréia ou constipação.

Peste – Doença bacteriológica infecciosa aguda, usualmente fatal, geralmente transmitida por roedores. Os sintomas são febre, dor de cabeça e fraqueza. Pode ser encontrada em duas formas: a bubônica e a pneumônica.

Minas terrestres

Mais de 1 milhão de pessoas já foram vítimas das minas terrestres, bombas que podem explodir ao serem tocadas ou pisadas.

A cada ano, cerca de 24 mil pessoas morrem ou são feridas por minas terrestres – aproximadamente 70 pessoas por dia.

Ainda existem mais de 110 milhões dessas bombas espalhadas por setenta países, entre os quais: Egito, Irã, Angola, China, Afeganistão, Iraque, Camboja, Bósnia-Herzegóvina, Moçambique e Somália.

O processo de remoção de minas é muito lento e caro.

Segundo a Cruz Vermelha, dez mil especialistas demorariam mil anos somente para eliminar as minas já existentes.

O Tratado de Banimento de Minas, assinado pelo Brasil em 3 de dezembro de 1997 e ratificado e promulgado pelo presidente da República em 1999, entrou em vigor em 1º de outubro de 1999. Atualmente, o Brasil não tem produzido ou exportado minas e não existe área minada no seu território.

Gastos militares

Os gastos militares, em todos os países, reduzem os recursos disponíveis para a promoção econômica e o desenvolvimento social. Nos dias de hoje, o mundo gasta, em um minuto, 1,7 milhão de dólares em propósitos militares. Nos mesmos 60 segundos, perde mais de trinta crianças de fome ou doenças curáveis. O custo com armas e treinamento de um único soldado pode equivaler à educação de oitenta crianças.

Crianças-soldados

Além de reduzir os gastos militares com armas, outra necessidade premente é tirá-las das mãos das crianças.

Na década de 1990, 2 milhões delas morreram, 4 a 5 milhões desapareceram, 12 milhões ficaram sem casa, 10 milhões psicologicamente traumatizadas e 1 milhão, órfãs ou separadas de seus familiares. Hoje 300 mil crianças participam de combates e mais de 50 países ainda recrutam ou aceitam menores de 18 anos para as Forças Armadas.

Armas de fogo

Além dos grandes arsenais militares, cerca de 550 milhões de armas de fogo de pequeno porte estão em circulação no mundo, mais da metade delas em poder da população.

As armas leves provocam mais mortes em todo o mundo do que os armamentos bélicos convencionais. Em ambientes propensos à violência, a disseminação descontrolada das armas de fogo potencializa a gravidade dos conflitos.

Entre os 12 países mais populosos do mundo, o Brasil é líder na lista de mortes por arma de fogo, com quase 40 mil óbitos por ano. O uso indiscriminado de armas de fogo, ainda que com o propósito de defesa, só aumenta a violência.

No Brasil, a Campanha Nacional do Desarmamento procura mobilizar a sociedade para retirar de circulação o maior número possível de armas. A entrega voluntária das armas pelos cidadãos está prevista no Estatuto do Desarmamento e pode ser feita em mais de 2 mil postos de coleta em todo o país, independente da arma ter um registro.

Algo comum em todo ser humano é sua necessidade de ser tratado com respeito e dignidade.

Tolerância

II. Tolerância: harmonia na diferença

Se o mundo é a nossa casa, os habitantes do planeta são nossos vizinhos, pes-soas de diferentes etnias, culturas, religiões e níveis sociais, com uma grande variedade de estilos de vida e orientações ideológicas.

Todos temos de lidar com a diversidade.

Para alguns, ela é considerada uma oportunidade **enriquecedora**, uma maneira de entrar em contato com outros modos de viver, pensar e agir e assim compreender melhor a si próprio, ao mundo e ao **seu semelhante**.

Para outros, ela representa uma ameaça, um motivo de medo diante do diferente e do desconhecido.

Talvez seja mais fácil aceitar a diversidade quando estamos nos referindo a uma viagem para um país exótico ou a uma festa de confraternização entre os povos.

Mas a diversidade está presente nas nossas **famílias** (nas várias idades, opiniões, personalidades), nos nossos funcionários ou **vizinhos** (de outras raças ou religiões), no farol da esquina (com pessoas de outras condições econômicas e sociais), nas **escolas** (pela presença de deficientes físicos, portadores de HIV/Aids etc.), no bairro (com migrantes, desempregados etc.).

A diversidade não significa apenas que existam grupos diferentes de pessoas. Significa que **não existem duas pessoas 100 por cento iguais**.

A consciência da diversidade pode despertar (ou não) em nós a **habilidade para tolerar**.

Ser tolerante não significa ter que aceitar tudo, concordar com tudo, perdoar tudo, não ter vontade própria ou renunciar às próprias convicções. Significa manter a **mente aberta**, respeitando o direito e a liberdade que cada pessoa tem de ser e de viver da maneira que quiser, sem necessariamente ter de concordar com ela.

Aquele que é tolerante tem a capacidade de **resolver as diferenças** construtivamente e transformar as situações de conflito em **conciliação**, já que o propósito da tolerância é a coexistência pacífica, a harmonia na diferença.

A tolerância interna

Nossa tolerância é testada todos os dias de nossa vida. Nem sempre conseguimos usá-la, mas é uma habilidade que pode e deve ser desenvolvida.

Precisamos tolerar a nós mesmos, reconhecendo nossos limites e "autoperdoando" nossas falhas. Precisamos tolerar os outros, colocando-nos no lugar deles. Precisamos aprender a adaptar-nos a situações e ambientes que nem sempre nos são favoráveis.

Entretanto, mais do que as condições que se apresentam, o modo como as encaramos é que pode determinar o bom ou o mau, o benefício ou a perda. Sempre poderemos escolher entre uma **atitude positiva** e uma atitude de desaprovação e censura.

Cultivar a tolerância é levantar uma fortaleza interna, um escudo protetor que permite ao indivíduo que permaneça **íntegro** e não se sinta ameaçado nem pelos outros, nem pelas circunstâncias, por acreditar na sua capacidade de adaptação e de compreensão. Na matemática, compreender significa englobar, conter, envolver. Portanto, só pode compreender aquele que é maior.

A intolerância

Devemos dar-nos conta do vínculo que existe entre nosso comportamento e o **círculo vicioso** da desconfiança e da violência na sociedade.

Os atos de intolerância vão desde atitudes desagradáveis – como o emprego de termos ofensivos, a intimidação, as piadas sobre determinados comportamentos ou características do ser humano, o costume de atribuir culpa a minorias – até a repressão, o genocídio, o antissemitismo, a discriminação, o ostracismo, a profanação e mutilação de símbolos culturais e religiosos, a exclusão de grupos sociais de certos lugares ou profissões, a segregação fundada em raça ou em sexo, a violência e a guerra.

A intolerância se manifesta em

- discriminação contra **grupos minoritários** (em virtude de cor, raça, religião, sexo, idade, condição econômica ou social, opinião política etc.);
- conflitos etnonacionalistas;
- atos de xenofobia, especialmente contra refugiados e os que pedem asilo, trabalhadores **migrantes e imigrantes**;
- organizações e ideologias racistas e atos de violência racial;
- extremismo religioso;
- atos de violência e **intimidação** contra escritores, intelectuais e outras pessoas que exercem sua liberdade de opinião e expressão;
- ideologias e movimentos políticos que acreditam que os males sociais, como a delinqüência, o desemprego, a deterioração da saúde pública e as tensões do meio urbano, são causados por determinados grupos da sociedade;
- marginalização, violência, discriminação e exclusão de grupos vulneráveis.

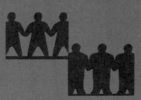

Devemos combater

- o **racismo** – a crença de que algumas **raças** são superiores a outras;
- o **etnocentrismo** – a aspiração de um grupo étnico de criar uma identidade nacional única e acabar como **idioma e a cultura** dos demais grupos étnicos;
- o **nacionalismo extremo** – a crença de que uma nação é superior e tem mais direitos que as demais;
- a **xenofobia** – sentir temor e aversão pelos **estrangeiros**, unido ao sentimento de que eles são culpados pelos problemas econômicos da sociedade;
- a **hostilidade religiosa** – dá poder e favorece as pessoas cujo credo é oficialmente considerado a única interpretação autêntica da **verdade** religiosa ou espiritual.

O que você pode fazer

- Conhecer a **cultura** de outros Estados e de outros países por meio de livros, músicas e espetáculos.
- Ler livros multiculturais para as crianças, estimulando sua curiosidade.
- Assistir a celebrações de **religiões diferentes**, em igrejas, sinagogas, templos etc.
- Visitar bairros onde se concentrem **migrantes ou imigrantes** e procurar conhecer suas histórias.
- Aprender uma dança típica, a preparar uma comida tradicional ou a falar algumas frases em outros idiomas.
- Convidar seus amigos para um **"encontro de diversidade"**, com comidas e objetos que reflitam suas heranças culturais.
- Promover uma atividade **ecumênica**, reunindo pessoas de diferentes fés (incluindo os ateus).
- Escrever cartas para jornais e políticos elogiando os que apoiam os grupos minoritários ou vulneráveis.

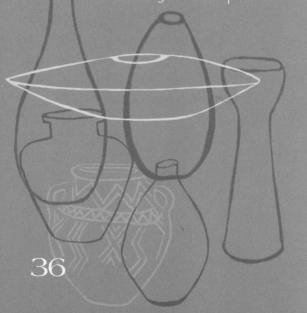

- Participar de um passeio **em prol de alguma causa**: racial, étnica ou social.
- Conhecer associações de minorias e participar de um programa **voluntário**.
- Fazer amizade com pessoas de **faixas etárias** diferentes da sua.
- Reagir diante de piadas ou comentários preconceituosos, mostrando o quanto isso é inaceitável.
- Imaginar como seria sua vida se você fosse de outra raça, religião ou orientação sexual.
- Pesquisar **sua origem** familiar e verificar como ela o influencia.
- Fazer uma lista de estereótipos e verificar como estão presentes nos filmes e em outras mídias.
- Conversar com seus amigos e familiares (até mesmo com as crianças) sobre preconceito e assuntos sociais, mostrando **que nenhum assunto é tabu**.
- Descobrir as características dos heróis das crianças e ajudá-las a ver qualidades heróicas também nos trabalhadores que ajudam a comunidade (por exemplo, enfermeiras, bombeiros, voluntários etc.).

- Estimular as crianças a **ampliar seu círculo** de amizades ajudando-as a desenvolver novas relações. Deixar que frequentem ambientes (escolas, clubes, acampamentos) que aceitam a diversidade.
- Lembrar-se de que a família é a primeira escola em que se aprende a tolerância, em virtude dos **ajustes na convivência** entre as pessoas.
- Prestar atenção ao que você diz quando fica bravo no trânsito ou assiste a uma partida de futebol ("Só podia ser 'x' mesmo", "Isso é coisa de 'y'" etc.).
- Ensinar às crianças a não associar a pobreza com a transgressão, a não julgar "perigosas" as pessoas pobres. Mostrar a elas que **não é a aparência ou a condição financeira que determinam o caráter** ou as atitudes.

No trabalho

- Examinar o grau de diversidade no seu local de trabalho e verificar se todos têm as **mesmas oportunidades**.
- Lutar contra a tendência de favorecer os que são semelhantes a você mesmo.
- Variar seus companheiros de almoço. Procurar colegas de diferentes idades, origens, departamentos e de **diferentes níveis** da empresa.
- Observar se seu local de trabalho obedece às exigências de **acessibilidade** aos deficientes.
- Promover um **ambiente aberto** e acessível.
- Distribuir cópias da **Declaração de Princípios sobre a Tolerância**.

Na sociedade

- Muitos programas de tolerância são inspirados nos problemas da comunidade (pichadores, gangues etc.). Eles só serão aceitos e darão resultados se forem formulados num contexto de conhecimento cultural e **relacionamento genuíno** entre os grupos, sem medidas impostas ou ilegítimas.
- Os meios de comunicação podem desempenhar uma função construtiva, facilitando um diálogo e o **debate livre e aberto**, difundindo os valores de tolerância e acabando com o perigo que representa a indiferença ao acesso de grupos e ideologias intolerantes.
- A violência na mídia é um elemento muito significativo para o clima social. As crianças têm pouco conhecimento sobre a resolução de conflitos e diferenças de forma construtiva, e o impacto de imagens violentas, mesmo nos programas de entretenimento, não é saudável. **As crianças aprendem** a usar esses **modelos** de comportamento nas situações de conflito.
- Não devemos esperar que outros atuem ou sentir-nos impotentes, pois a ação não violenta é um meio de exercer poder. Formar um grupo para encarar o problema, **expressar solidariedade** às vítimas da intolerância, detectar e desprestigiar a propaganda odiosa são atitudes que podem ser tomadas por todos os que querem acabar com a intolerância.

Na educação

As leis são necessárias, mas insuficientes quando se trata de combater a intolerância, que tem por origem a ignorância, o medo e o sentimento exagerado de valor próprio, de orgulho por pertencer a um grupo "especial" ou "superior". **Essas noções são ensinadas e aprendidas desde a infância.**

A educação é um processo contínuo, que se prolonga durante toda a vida; não começa nem termina na escola. Por isso, a educação para a tolerância deve estender-se a todos e ser praticada em todo os lugares: casa, escola, trabalho, locais de diversão e meios de comunicação.

As escolas devem oferecer às crianças um **ambiente aberto, curioso e receptivo**, em que seja natural a presença de várias raças, de crianças com necessidades especiais, com a igualdade de oportunidades para meninos e meninas, com a integração em atividades das diversas gerações familiares, com o conhecimento de diferentes culturas etc. É importante que esse modelo seja adotado não só em relação às crianças, mas também quanto ao quadro docente, aos funcionários, visitantes e convidados da escola.

Considerando a educação como o meio mais eficaz de prevenir a intolerância, a **escola deve**:

- ensinar quais são **os direitos e as liberdades**, para que possam ser respeitados;
- combater as influências que conduzem ao temor e à exclusão dos demais e ajudar os jovens a desenvolver suas capacidades de juízo independente, pensamento crítico e ético;
- dar atenção especial à formação do pessoal docente, dos currículos escolares e dos materiais pedagógicos, a fim de formar **cidadãos atentos aos demais** e responsáveis, abertos a outras culturas, capazes de apreciar o valor da liberdade, o respeito à dignidade e às diferenças, e de evitar conflitos ou de resolvê-los por meios pacíficos;
- promover atividades com a **participação das famílias**, incluindo todas as faixas etárias (até mesmo os avós).

O que os professores podem fazer

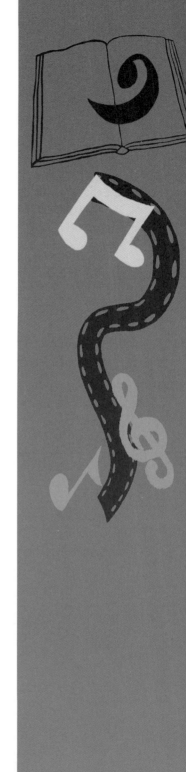

- Procurar colegas que pensam de modo semelhante para formar um grupo de apoio.
- Não acreditar que são os únicos a se ocupar com esses temas.
- Examinar seus próprios preconceitos e atitudes, ocupando-se de um autoexame constante.
- Procurar ser um **modelo de respeito e tolerância**.
- Indicar livros, filmes, revistas e outros materiais relacionados à tolerância e a causas nobres. Fazer um mural sobre a composição cultural da classe ou da comunidade.
- Encorajar a escola a prover recursos iguais para meninos e meninas.
- Criar um grupo de **resolução de conflitos** com a participação dos estudantes.
- Perguntar para os orientadores escolares como está sendo tratada internamente a questão do racismo, do homossexualismo, da Aids e das doenças sexualmente transmissíveis, das drogas e da gravidez na adolescência.
- Incentivar os estudantes a fazer contato com pessoas de partes diferentes da comunidade, do país e do mundo.
- Promover o **espírito esportivo** e não aceitar manifestações de zombaria ou desprezo. Ensinar a aplaudir o outro time ou o outro jogador.
- Convidar os estudantes a dar saudações em outros idiomas (ou sotaques regionais).
- Desenvolver um calendário escolar que respeite a **diversidade religiosa**, não programando testes ou reuniões nos feriados de qualquer grupo religioso.
- Expor os alunos a outras culturas por meio da literatura, artes e música, e a assuntos sociais como a pobreza, o racismo etc.

- Apresentar pontos de vista equilibrados, especialmente nas aulas de história, **evitando julgamentos**.
- Enfocar a Justiça, exemplificado com histórias conhecidas pelos estudantes (experiências dos alunos, filmes etc.).
- Conduzir a conversa para a fase de ação, perguntando: "O que você faria?"
- Estimular os estudantes a criar um espaço só deles, onde os temas possam ser discutidos sem barreiras, **encorajando** uma sociedade aberta.
- Planejar atividades que encorajam a interação entre grupos raciais e étnicos diferentes.
- Dar respostas apropriadas para neutralizar comentários preconceituosos:

    "Eu não posso concordar com o humor que degrada os outros";
    "Eu penso que não é justo julgar alguém sem conhecê-lo";
    "Ele deve ter suas razões para agir assim";
    "Você gostaria de receber esse tipo de tratamento?"

O que o governo pode fazer

A tolerância não só é um dever moral, mas uma exigência política e jurídica. É preciso adotar medidas que garantam a igualdade, a dignidade e os direitos dos indivíduos e dos grupos, com especial atenção aos grupos vulneráveis, socialmente desfavorecidos, para facilitar sua integração social e profissional.

Todo Estado tem a responsabilidade de fortalecer a legislação referente aos **direitos humanos**, coibir os crimes motivados pelo ódio e a discriminação das minorias independentemente de eles serem cometidos por representantes do Estado, organizações privadas ou indivíduos.

O Estado deve garantir um acesso equitativo aos tribunais e aos organismos de defesa dos direitos humanos ou de mediação, para que os cidadãos não apliquem sua própria justiça nem recorram à violência para solucionar seus litígios.

- No âmbito estatal, a tolerância exige **justiça e imparcialidade** na legislação, na aplicação da lei e no exercício dos poderes judicial e administrativo. Exige também que toda pessoa possa desfrutar de oportunidades econômicas e sociais sem nenhuma discriminação. A exclusão e a marginalização podem conduzir à frustração, à hostilidade e ao fanatismo.

- A fim de instaurar uma sociedade mais tolerante, os Estados hão de ratificar as **convenções internacionais** existentes na matéria de direitos humanos e, quando for necessário, elaborar uma legislação que garanta a igualdade de trato e oportunidades a todos os grupos e indivíduos da sociedade.

- Para que reine a harmonia internacional, é essencial que os indivíduos, as comunidades e as nações aceitem e respeitem o **caráter multicultural da família humana**. Sem tolerância não pode haver paz, e sem paz não pode haver desenvolvimento nem democracia.

- A intolerância pode ter a forma de marginalização de grupos vulneráveis e sua exclusão da participação social e política, assim como de violência e de discriminação contra eles.

Declaração de princípios sobre a tolerância

As Nações Unidas, por iniciativa da Unesco, proclamaram 1995 o Ano Internacional para a Tolerância, e em 16 de novembro de 1995 foi firmada a Declaração de Princípios sobre a Tolerância e declarado o Dia Internacional para a Tolerância.

Preâmbulo

(...) Alarmados pela intensificação atual da intolerância, do terrorismo, da xenofobia, do nacionalismo agressivo, do antissemitismo, da exclusão, da marginalização e da discriminação contra minorias nacionais, étnicas, religiosas e linguísticas, dos refugiados, dos trabalhadores migrantes, dos imigrantes e dos grupos vulneráveis da sociedade, e também pelo aumento dos atos de violência e de intimidação cometidos contra pessoas que exercem sua liberdade de opinião e de expressão, todos os comportamentos que ameaçam a consolidação da paz e da democracia no plano nacional e internacional e constituem obstáculos para o desenvolvimento, ressaltando que incumbe aos Estados-membros desenvolver e fomentar o **respeito dos direitos humanos e as liberdades fundamentais** de todos, sem distinção fundada sobre a raça, o sexo, a língua, a origem nacional, a religião ou incapacidade, e também combater a intolerância, aprovam e proclamam solenemente a presente Declaração de Princípios sobre a Tolerância.

Decididos a tomar todas as **medidas positivas** necessárias para promover a tolerância nas nossas sociedades, pois a tolerância não é somente um princípio relevante, mas igualmente uma condição necessária para a paz e para o progresso econômico e social de todos os povos, declaramos o seguinte:

Artigo 1 – Significado da tolerância

1.1 – A tolerância é o respeito, a aceitação e o apreço da riqueza e da diversidade das culturas de nosso mundo, de nossos modos de expressão e de nossas maneiras de exprimir nossa qualidade de seres humanos. É fomentada pelo conhecimento, pela abertura de espírito, pela comunicação e pela liberdade de pensamento, de consciência e de crença. **A tolerância é a harmonia na diferença**. Não só é um dever de ordem ética; é igualmente uma necessidade política e jurídica. A tolerância é uma virtude que torna a paz possível e contribui para substituir uma cultura de guerra por uma cultura de paz.

1.2 – **A *tolerância não é concessão***, condescendência ou indulgência. A tolerância é, antes de tudo, uma atitude ativa fundada no reconhecimento dos direitos universais da pessoa humana e das liberdades do outro. Em nenhum caso a tolerância poderia ser invocada para justificar lesões a esses valores fundamentais. A tolerância deve ser praticada pelos indivíduos, pelos grupos e pelo Estado.

1.3 – A tolerância é o sustentáculo dos direitos humanos, do pluralismo (inclusive o pluralismo cultural), da **democracia** e do Estado de Direito. Implica a rejeição do dogmatismo e do absolutismo e fortalece as normas enunciadas nos instrumentos internacionais relativos aos direitos humanos.

1.4 – Em consonância ao respeito dos direitos humanos, praticar a tolerância não significa tolerar a injustiça social, nem renunciar às próprias convicções, nem fazer concessões a respeito. A prática da tolerância significa que **toda pessoa tem a livre escolha** de suas convicções e aceita que o outro desfrute da mesma liberdade. Significa aceitar o fato de que os seres humanos, que se caracterizam naturalmente pela diversidade de seu aspecto físico, de sua situação, de seu modo de expressar-se, de seus comportamentos e de seus valores, têm o direito de viver em paz e **de ser tais como são**. Significa também que ninguém deve impor suas opiniões a outrem.

Artigo 2 – O papel do Estado

2.1 – No âmbito do Estado, a tolerância exige **justiça e imparcialidade** na legislação, na aplicação da lei e no exercício dos poderes judiciário e administrativo. Exige também que todos possam desfrutar de oportunidades econômicas e sociais sem nenhuma discriminação. A exclusão e a marginalização podem conduzir à frustração, à hostilidade e ao fanatismo.

2.2 – A fim de instaurar uma sociedade mais tolerante, os Estados devem ratificar as convenções internacionais relativas aos direitos humanos e, se for necessário, elaborar uma legislação a fim de **garantir igualdade** de tratamento e de oportunidade aos diferentes grupos e indivíduos da sociedade.

2.3 – Para a harmonia internacional, torna-se essencial que os indivíduos, as comunidades e as nações aceitem e respeitem o caráter multicultural da família humana. **Sem tolerância não pode haver paz, e sem paz não pode haver nem desenvolvimento nem democracia.**

2.4 – A intolerância pode ter a forma da marginalização dos grupos vulneráveis e de sua exclusão de toda participação na vida social e política e também a da violência e da discriminação contra estes. Como afirma a Declaração sobre a Raça e os Preconceitos Raciais, "todos os indivíduos e todos os grupos têm o direito de ser diferentes" (art. 1.2).

Artigo 3 – Dimensões sociais

3.1 – No mundo moderno, a tolerância é mais necessária do que nunca. Vivemos numa época marcada pela globalização econômica e pela aceleração da mobilidade, da comunicação, da integração e da interdependência, das migrações e dos deslocamentos de populações, da urbanização e da transformação das formas de organização social. Visto que não existe uma única parte do mundo que não seja caracterizada pela diversidade, a intensificação da intolerância e dos confrontos constitui ameaça potencial para cada região. Não se trata de ameaça limitada a esse grupo ou àquele país, mas ameaça universal. **A tolerância é necessária entre os indivíduos e também no âmbito da família e da comunidade**. A promoção da tolerância e o aprendizado da abertura do espírito, da ouvida mútua e da solidariedade devem-se realizar nas escolas e nas universidades por meio da educação não formal, nos lares e nos locais de trabalho. Os meios de comunicação devem desempenhar um papel construtivo, favorecendo o diálogo e o debate livres e abertos, propagando os valores da tolerância e ressaltando os riscos da indiferença à expansão das ideologias e dos grupos intolerantes.

Como afirma a **Declaração da Unesco sobre a Raça e os Preconceitos Raciais**, medidas devem ser tomadas para assegurar a igualdade na dignidade e nos direitos dos indivíduos e dos grupos humanos em todo lugar onde isso seja necessário. Para tanto, deve ser dada atenção especial aos grupos vulneráveis, social ou economicamente desfavorecidos, a fim de lhes assegurar a proteção das leis e dos regulamentos em vigor, sobretudo em matéria de moradia, de emprego e de saúde, de respeitar a autenticidade de sua cultura e de seus valores e de facilitar, em especial pela educação, sua promoção e sua integração social e profissional.

A fim de coordenar a resposta da comunidade internacional a esse desafio universal, convém realizar estudos científicos apropriados e criar redes, incluindo a análise, pelos métodos das ciências sociais, das causas profundas desses fenômenos e das medidas eficazes para enfrentá-las, e também a pesquisa e observação, a fim de apoiar as decisões dos Estados-membros em matéria de formação política geral e ação normativa.

Artigo 4 – Educação

4.1 – A educação é o meio mais eficaz de prevenir a intolerância. A primeira etapa da educação para a tolerância consiste em ensinar aos indivíduos quais são seus direitos e suas liberdades, a fim de assegurar seu respeito e de incentivar a vontade de proteger os direitos e as liberdades dos outros.

4.2 – A educação para a tolerância deve ser considerada como imperativo prioritário; por isso, é necessário promover métodos sistemáticos e racionais de ensino da tolerância, centrados nas fontes culturais, sociais, econômicas, políticas e religiosas da intolerância, que expressam as causas profundas da violência e da exclusão. As políticas e os programas de educação devem contribuir para o desenvolvimento da compreensão, da solidariedade e da tolerância entre os indivíduos, entre os grupos étnicos, sociais, culturais, religiosos, linguísticos e as nações.

4.3 – A educação para a tolerância deve visar a contrariar as influências que conduzem ao medo e à exclusão do outro e deve **ajudar os jovens** a desenvolver sua capacidade de exercer um juízo autônomo, de realizar uma reflexão crítica e de raciocinar em termos éticos.

4.4 – Comprometemo-nos a apoiar e ajudar programas de pesquisa em ciências sociais e de educação para a tolerância, para os direitos humanos e para a não violência.
Por conseguinte, torna-se necessário dar atenção especial à **melhoria da formação dos docentes**, dos programas de ensino, do conteúdo dos manuais e cursos e de outros tipos de materiais pedagógicos, inclusive as novas tecnologias educacionais, a fim de formar **cidadãos solidários e responsáveis**, abertos a outras culturas, capazes de apreciar o valor da liberdade, respeitadores da dignidade dos seres humanos e das diferenças e capazes de prevenir os conflitos ou de resolvê-los por meios não violentos.

Artigo 5 – Compromisso de agir

Comprometemo-nos a fomentar a tolerância e a não violência por meio de programas e de instituições no campo da educação, da ciência, da cultura e da comunicação.

Artigo 6 – Dia Internacional da Tolerância

A fim de mobilizar a opinião pública, de ressaltar os perigos da intolerância e de reafirmar nosso compromisso e nossa determinação de agir em favor do fomento da tolerância e da educação para a tolerância, nós proclamamos solenemente o dia 16 de novembro de cada ano como **Dia Internacional para a Tolerância**.

Raça

Segundo o *Dicionário Aurélio*,

Raça: 1. Conjunto de indivíduos cujos caracteres somáticos são semelhantes e se transmitem por hereditariedade, embora variem de um indivíduo para outro. 2. O conjunto dos ascendentes e descendentes de uma família, uma tribo ou um povo, que se origina de um tronco comum. 3. Divisão de uma espécie animal provinda do cruzamento de indivíduos selecionados para manter ou aprimorar determinados caracteres.

Espécie: (...) 4. Conjunto de indivíduos muito semelhantes entre si e aos ancestrais, e que se entrecruzam.

Raça é uma forma de classificar uma espécie. Fomos ensinados a reconhecer grupos com base em diferenças aparentes e superficiais: os olhos amendoados, a estatura mais alta ou mais baixa, os tons de pele etc. Diferenças por vezes subjetivas, consideradas de forma diferente, dependendo do tempo e do lugar. O que existe na natureza é a **espécie humana**. Todos nós somos *Homo sapiens*, uma espécie sem subgrupos ou subespécies, o que não significa que todos têm de se parecer. Entre dois indivíduos, existe uma variação genética de cerca de 15%, e apenas 6% pode ser responsável pelas classificações raciais conhecidas, mas não há um gene ou um *conjunto de genes raciais*. Portanto, **não há razão para classificar qualquer tipo de grupo como diferente ou superior.**

As nossas aparências são distintas, principalmente por causa das adaptações evolutivas ao meio ambiente e da seleção natural (por exemplo, a quantidade de melanina na pele para proteger-nos dos raios solares, o cabelo liso que ajuda a conservar o calor etc.).

O conceito de raça é muito mais intelectual e emocional do que científico. Se perguntarmos às pessoas de que raça são, às vezes não saberão responder. Dirão: sou brasileiro, ou sou sul-americano, ou sou negro, ou sou "metade francês e metade baiano"... Cada um terá uma definição do significado da palavra "raça". Essa pergunta desafia o conceito das pessoas e as faz pensar sobre quem elas são. A raça também se tornou um **conceito social e político**. Hoje ela é usada não só para significar cor da pele, mas ascendência, cultura e modo de vida.

Os conceitos que formamos durante a vida sobre as raças nos faz não só identificá-las na rua como vinculam a elas ideias sobre o comportamento das pessoas, com frases como: "Não se pode confiar neles", "Eles são burros", "Eles não sabem dirigir" etc. Temos de refletir de onde vêm essas ideias e por que são tão persistentes. Parece que **classificar uma pessoa** com base em atributos de grupos **simplificaria o mundo**. Seria uma maneira de reduzir a complexidade a fórmulas.

Na verdade, a maioria dos estereótipos têm pouca base de verdade e podem gerar preconceitos. Eles se propagam de maneira sutil por meio de insinuações, caricaturas e piadas. Podemos usá-los de maneira **construtiva** para analisarmos como andam nossa ideias e ver que não seriam tão engraçadas quando aplicadas a nós mesmos.

Outra razão para as raças servirem de material para o humorismo é que falar nelas quebra um tabu. Assim como o sexo, muitas pessoas podem ter dificuldades em conversar abertamente sobre o assunto, mesmo entre amigos. Os estereótipos são uma nuvem que envolve as pessoas gerando preconceito e, na forma mais brutal, o ódio. Um exemplo disso é ver os critérios usados pela segurança em aeroportos e bancos. Se os estereótipos estão tão profundamente enraizados na nossa cultura e nas nossas mentes, é preciso fugir dessa tendência, observando e **conversando sobre as raças e educando** com conceitos mais profundos.

Trabalhar para entender e combater o racismo é um esforço primeiramente pessoal, para não sermos elos dessa corrente que aprisiona a liberdade humana.

A **Declaração sobre a Raça e os Preconceitos Raciais**, aprovada e proclamada pela Conferência Geral da Organização das Nações Unidas para a Educação, a Ciência e a Cultura, reunida em Paris em 27 de novembro de 1978, cita que:

"Todos os seres humanos pertencem à mesma espécie e têm a mesma origem. (...)
Todos os indivíduos e os grupos têm o direito de serem diferentes, a se considerar e serem considerados como tais. A diversidade das formas de vida e o direito à diferença não podem, em nenhum caso, servir de pretexto aos preconceitos raciais (...)
A identidade de origem não afeta de modo algum a faculdade que possuem os seres humanos de viver diferentemente (...)
Todos os povos do mundo estão dotados das mesmas faculdades que lhes permitem alcançar a plenitude do desenvolvimento intelectual, técnico, social, econômico, cultural e político. Toda teoria que invoque uma superioridade ou uma inferioridade intrínseca de grupos raciais ou étnicos que dê a uns o direito de dominar ou de eliminar os demais, presumidamente inferiores, ou que faça juízos de valor baseados na diferença racial, carece de fundamento científico e é contrária aos princípios morais étnicos da humanidade."

Racismo

O **racismo** é a crença na superioridade de certas raças.

A **discriminação** é um tratamento preconceituoso dado a determinados grupos. E a **xenofobia** é a aversão a pessoas e coisas estrangeiras.

O ano 2001 foi o Ano Internacional da Mobilização contra o Racismo, a Discriminação Racial, a Xenofobia e Outras Formas Relacionadas à Intolerância e também o Ano Internacional do Diálogo entre as Civilizações.

A década de 2001-2010 foi proclamada a **Década Internacional para a Cultura de Paz e Não Violência para as Crianças do Mundo**. Em setembro de 2001 encerrou-se, em Durban (África do Sul), a Conferência Mundial contra o Racismo, a Discriminação Racial, a Xenofobia e Outras Formas Relacionadas à Intolerância.

Eis algumas questões que foram abordadas durante a conferência:

- **toda doutrina de superioridade racial é cientificamente falsa**, moralmente condenável, socialmente injusta e perigosa e deve ser rechaçada, junto com as teorias que tratam de determinar a existência de raças humanas separadas;

- as atrocidades cometidas no passado, resultantes de violações aos direitos humanos, não devem ser esquecidas, em todas as partes do mundo, para que não voltem a repetir-se;

- a *escravidão*, o tráfico de escravos, o colonialismo, o apartheid e o genocídio são crimes que lesam a humanidade e devem ser condenados. Os africanos, os asiáticos, os povos indígenas e seus descendentes foram vítimas desses atos e continuam sofrendo suas consequências;

- a **xenofobia** contra os migrantes, os refugiados e os que pedem asilo é uma das principais fontes do racismo contemporâneo;

- a globalização deve fortalecer a cooperação internacional para promover a **igualdade de oportunidades** para o comércio, o crescimento econômico e o desenvolvimento sustentável, as comunicações e o incremento dos intercâmbios culturais;
- a **pobreza**, a marginalização, a exclusão social e as desigualdades econômicas contribuem para a persistência de atitudes e práticas racistas;
- os Estados devem adotar medidas para **combater a discriminação** por motivos de raça, cor, origem nacional ou étnica, que pode ser agravada por motivos de sexo, idioma, religião, opiniões políticas ou de outra índole, origem social, situação econômica, nascimento ou outra condição;
- o racismo, a discriminação e a intolerância encontram-se entre as causas básicas do conflito armado;
- as estruturas e instituições políticas e jurídicas devem corresponder e representar as características multiétnicas e pluriculturais da população;
- os Estados devem examinar e, se necessário, revisar todas as políticas de imigração que sejam incompatíveis com os instrumentos internacionais de direitos humanos;
- os **povos indígenas são livres e iguais** em dignidade e direitos, que incluem ser chamados pelo seu próprio nome; manter suas formas de organização, estilos de vida, cultura e tradições; utilizar seu idioma; manter sua estrutura econômica nas zonas que habita; participar do desenvolvimento de seus sistemas de educação; administrar suas terras e recursos naturais, incluindo os direitos de caça e pesca (conforme a legislação); ter acesso à Justiça em condições de igualdade; e participar livremente do desenvolvimento político, econômico, social e cultural do país;

- devemos preocupar-nos com os atos hostis contra **comunidades religiosas** e seus membros, a limitação do direito a praticar suas crenças e a aparição de estereótipos negativos;
- a necessidade de um esforço para combater a discriminação contra grupos vulneráveis como mulheres e crianças que pertençam a minorias étnicas e portadores de Aids/HIV;
- condenação do reaparecimento do nazismo e do neofascismo e de ideologias nacionalistas violentas;
- os **meios de comunicação e a Internet** devem representar a sociedade multicultural e desempenhar sua função na luta contra o racismo, a discriminação racial, a xenofobia e outras formas relacionadas à intolerância;
- a importância de **ensinar às crianças** a história da humanidade, assim como as causas, a natureza e as consequências da intolerância;
- o **"diálogo entre as civilizações"** como base para o reconhecimento e a promoção da dignidade, a igualdade de direito e o respeito aos princípios fundamentais de justiça, facilitando a construção de um mundo reconciliado para a **família humana**.

Questões para refletir

- Acredito na **superioridade** de algumas raças?
- Tenho medo ou vergonha de dizer a meus amigos que não concordo com uma piada preconceituosa?
- **Analiso** frequentemente seus estereótipos? Quais são eles?
- Respeito certas pessoas ou grupos? Culpo-os pelas minhas dificuldades?
- Altero meu **comportamento** diante de uma pessoa de uma cor ou raça diferente da minha?
- Convivo com pessoas de outras raças?
- Qual a minha esfera de influência e como posso usá-la para promover uma cultura antirracista?
- Fazer parte de uma raça pode **justificar** a desigualdade?
- Quais as pessoas que dedicaram suas vidas ao combate ao racismo?
- Alguém nasce racista ou aprende a ser racista? Como isso ocorre?
- Como o racismo está presente nos meios de comunicação, nos livros e na Internet?
- Como meu país recebe os estrangeiros?

Religião

« Não importa qual a religião, o que importa é que amemos. »

Madre Teresa de Calcutá

O mundo seria um lugar melhor se fôssemos religiosamente tolerantes. Muitos crimes têm sido cometidos em nome de algumas religiões, em alguns casos contrariando os próprios preceitos por elas pregados. Por trás da fachada **religiosa** podem esconder-se interesses políticos, econômicos ou territoriais de grupos que manipulam seus seguidores em prol de seus propósitos.

Em outros casos, existem religiões que pregam o racismo, o sexismo e o ódio ou mantêm práticas prejudiciais à vida e à saúde de pessoas e animais.

Para podermos distinguir entre o aceitável e o não aceitável em termos de religião, precisamos conhecer sua origem, seus dogmas e suas práticas.

A intolerância religiosa baseia-se na crença de que uma religião é superior às demais ou a única detentora da **verdade absoluta**. Por isso, mais do que a liberdade religiosa, que é um dos direitos fundamentais do homem, precisamos de **tolerância religiosa**, não para legitimar todas as religiões e práticas, mas para aceitar que cada pessoa as julgue por si própria.

A tolerância religiosa envolve

- reconhecer o **direito de julgamento** privado em assuntos religiosos;
- reconhecer o direito e a **liberdade** quanto a convicções, opiniões, formas de adoração, práticas e ações relacionadas à religião;
- aceitar que os seguidores de várias religiões considerem suas próprias convicções como verdadeiras;
- permitir às pessoas **mudar** de religião livremente;
- recusar a discriminação em emprego ou acomodação a pessoas de outras religiões, até mesmo as minoritárias;
- fazer um esforço para acomodar as necessidades religiosas de outras pessoas, por exemplo, **respeitando o calendário** religioso e as suas dietas específicas.

No mundo atual existem mais de quatro mil religiões. As principais são:

- Cristianismo – 2 bilhões de adeptos (33 por cento);
- Islamismo – 1,3 bilhão (22 por cento);
- Hinduísmo – 900 milhões (15 por cento);
- Não religiosos/agnósticos/ateus – 850 milhões (14 por cento);
- Budismo – 360 milhões (6 por cento);
- Religiões tradicionais chinesas (incluindo confucionismo e taoísmo) – 225 milhões (4 por cento);
- Religiões tribais, étnicas ou animistas – 190 milhões (3 por cento);

Os 3 por cento restantes compreendem, entre outros:

- Siquismo (vertente do Hinduísmo) – 23 milhões;
- Religiões de Iorubá (incluindo o Candomblé) – 20 milhões;
- Juche (Coreia do Norte) – 19 milhões;
- Espiritismo – 14 milhões;
- Judaísmo – 14 milhões;
- Bahaísmo (vertente do Islamismo) – 6 milhões; Jainismo
- (Índia) – 4 milhões;
- Xintoísmo (Japão) – 4 milhões;
- Cao Daí (Vietnã) – 3 milhões;
- Tenrikyo (Japão) – 2,4 milhões;

Judaísmo – O Judaísmo é a primeira religião monoteísta da humanidade e a primeira das três religiões originárias de Abraão (as outras são o Cristianismo e o Islamismo). A palavra "*yehudê*" significava originalmente "judaíta", ou seja, da Judeia, "que rende graças a Deus". Sua origem está no pacto que teria sido firmado entre Deus e o povo escolhido, os hebreus. A Bíblia judaica é composta de 39 livros. Os cinco primeiros, ou Pentateuco, constituem a Torá. Existem atualmente cerca de 14 milhões de judeus em todo o mundo, dos quais 4,5 milhões em Israel.

Cristianismo – Conjunto de religiões cristãs baseadas nos ensinamentos e na vida de Jesus Cristo, registrados por seus discípulos no Novo Testamento. Seus principais ramos são a Igreja Católica, a Ortodoxa e a Protestante.

Catolicismo – Religião dos cristãos que reconhecem o Papa como autoridade máxima e veneram a Virgem Maria e os santos. Confirma-se por meio dos sacramentos e tem a missa como o ato litúrgico mais importante. Reivindica a supremacia sobre as outras vertentes do Cristianismo, com cerca de 1 bilhão de fiéis.

Igreja Ortodoxa – Resulta do cisma ocorrido no Catolicismo em 1054, quando o Império Romano do Oriente rejeitou a supremacia de Roma. A tradição latina, no Império Romano do Ocidente, mantém sua sede em Roma, e a bizantina, no Império Romano do Oriente, em Constantinopla. As igrejas ortodoxas reúnem mais de 170 milhões de fiéis em todo o mundo.

Renovação Carismática – Movimento católico criado nos Estados Unidos em 1967 com o objetivo de reafirmar o Catolicismo, defendendo uma moral conservadora. Segue rituais semelhantes aos das igrejas pentecostais.

Comunidade Eclesial de Base – Movimento surgido na década de 1960, principalmente nos países da América Latina. As comunidades são formadas por grupos de fiéis e sacerdotes que seguem a Teologia da Libertação, uma interpretação de textos sagrados vinculada a propostas de transformações políticas e sociais.

Protestantismo – Cisma da Igreja Católica provocado pela Reforma, movimento iniciado na Alemanha pelo teólogo Martinho Lutero (1483-1546), no século XVI. Lutero defende a fé como elemento fundamental para a salvação do indivíduo, condena a venda de indulgências (perdões) pela Igreja, não reconhece a autoridade do papa, nega o culto aos santos e permite o casamento dos pastores. Atualmente conta com 342 milhões de seguidores.

Igreja Luterana – É a primeira igreja saída da Reforma, fundada por Lutero. A comunidade pode escolher seus pastores e todos os batizados são considerados sacerdotes. Acentua-se a autoridade única da Bíblia, não sendo necessária a interpretação de um sacerdote. Cada igreja é independente e não é submetida a uma hierarquia.

Igreja Presbiteriana – Modalidade protestante que não reconhece a autoridade dos bispos nem aceita hierarquia superior à dos presbíteros (sacerdotes). Fundada pelo escocês John Knox (1505-1572), segue a doutrina religiosa do teólogo francês João Calvino (1509-1564). É a religião oficial da Escócia, sendo bastante forte na Irlanda do Norte e na Holanda.

Igreja Anglicana – Igreja oficial da Inglaterra criada pelo rei Henrique VIII (1491-1547), que em 1534 rompeu com a Igreja Católica.

Igreja Batista – Criada em Londres, em 1611, por um grupo de luteranos liderados por Thomas Helwys (1550-1616). Valoriza o sacramento do batismo, que deve ser realizado na idade adulta.

Igreja Metodista – Fundada em 1740, com base na obra do clérigo anglicano John Wesley (1703-1791). Tem forte influência calvinista.

Paraprotestantes – Formam um grupo específico dentro do Protestantismo porque acreditam que a própria doutrina foi revelada por uma ação divina especial. As principais são Mórmon, Adventista e Testemunhas de Jeová.

Igreja Mórmon – Também chamada de Igreja de Jesus Cristo dos Santos do Último Dia, foi fundada em 1830 pelo americano Joseph Smith (1805-1844). Mórmon é o nome do livro que o fundador teria recebido das mãos de um profeta.

Igreja Adventista – Doutrina criada nos Estados Unidos por William Miller (1782-1849). Divide-se em vários ramos, como Cristãos Adventistas, União da Vida e Advento e os Adventistas do Sétimo Dia.

Testemunhas de Jeová – Igreja formada em 1875 pelo americano Charles Russell (1852-1916), que acreditava no retorno próximo de Cristo.

Protestantismo Pentecostal – Corrente do Protestantismo que surge em Los Angeles, Estados Unidos, em 1906, e se difunde principalmente pelos países em desenvolvimento. No Pentecostalismo tradicional, as principais igrejas são a Assembleia de Deus, a Congregação Cristã do Brasil, o Evangelho Quadrangular e O Brasil para Cristo. O Neopentecostalismo dá ênfase aos rituais de exorcismo e cura. A Igreja Universal do Reino de Deus, fundada por Edir Macedo no Brasil em 1977, atualmente conta com 3,5 milhões de adeptos em 34 países.

Taoísmo – Escola de sabedoria chinesa centrada no conceito de "caminho" (Tao). Enquanto filosofia (*Tao chia*), a sua origem é atribuída aos ensinamentos do sábio Lao tsé (velho mestre), que teria vivido no século VI a.C., autor do livro *Tao te King*. O Taoísmo religioso (*Tao ciao*) surge na dinastia Han, no século II d.C.

Taoísmo filosófico – Concepção do Tao como a única fonte do Universo, determinante de todas as coisas e a compreensão de que tudo, no mundo, é composto pelos elementos opostos *yin* e *yang*. Embora formulado há mais de 2,5 mil anos, o Taoísmo filosó-fico influencia a vida cultural e política da China até hoje. As suas manifestações mais populares são o *chi-kung*, arte de autotera-pia, e as artes marciais *wo-shu*, ou *kung-fu*.

Taoísmo religioso – Sistema politeísta de crenças que assimila os antigos elementos da religião popular chinesa: culto aos ancestrais, rituais de exorcismo, alquimia e magia. Perseguido na República Popular da China a partir de 1949, é popular na Tailândia e em Hong Kong. Na atualidade, conta com cerca de 3 mil monges taoístas e 20 milhões de adeptos no mundo.

Confucionismo – Religião oriental, filosofia, ideologia política e tradição literária baseada nas idéias do filósofo chinês Confúcio (551-479 a.C.). Conhecido pelos chineses como *junchaio* (ensina-mentos dos sábios), o Confucionismo tem como princípio a busca do "caminho" (Tao), que garante o equilíbrio entre a vontade da Terra e a vontade do Céu. O Confucionismo foi a doutrina oficial da China por quase dois mil anos (do ano 2 a 1911). Atualmente, 25 por cento da população chinesa declara viver segundo a ética confucionista, que tem seguidores também no Japão, na Coreia do Sul e em Cingapura.

Budismo – Sistema ético, religioso e filosófico fundado pelo príncipe hindu Sidarta Gautama (563-483 a.C.), o Buda ("o Despertado" ou "o Iluminado"), por volta do século VI a.C. Consiste no ensinamento de como superar o sofrimento e atingir o nirvana, um estado de paz e plenitude, por meio do desapego e da medi-tação. O Budismo quase desapareceu da Índia após a invasão muçulmana no século XIII. Hoje tem cerca de 360 milhões de adeptos em todo o mundo, principalmente em Sri Lanka, Birmânia, Laos, Tailândia, Camboja, Tibete, Nepal, Japão e China. Ramifica-se em várias escolas, sendo as mais antigas o Budismo tibetano e o Zen-budismo.

Budismo tibetano – No fim do século VIII, o Budismo se estabelece no Tibete e na Mongólia, acrescentando ritos mágicos a suas antigas crenças, e se transforma em Lamaísmo, um sistema religioso e político fundado na hierarquia dos monges, liderados pelo dalai-lama ("igual ao oceano") e pelo panchenlama ("a jóia").

Zen-budismo – O Budismo chegou à China no final do século I d.C., por meio da Rota da Seda, misturando-se com o Confucionismo e o Taoísmo. No Japão, chegou pela Coreia no século VI d.C. Incorporando elementos xintoístas (culto da natureza e dos antepassados), foi adotado pela corte imperial e pela sociedade japonesa. O Zen-budismo foi introduzido nesses países pelo monge Yosai (1141-1215) e visa a atingir a iluminação interior mediante técnicas variadas.

Hinduísmo – Conjunto de princípios, doutrina e práticas religiosas surgidas a partir de 2000 a.C. O termo "hinduísmo" é uma identificação geográfica da religião com a Índia, país onde nasceu e é praticada. É conhecido pelos seguidores como *Sanatana Dharma*, que significa "a lei eterna" ou "a ordem permanente". Está fundamentado nos quatro livros dos Vedas ("conhecimento", em sânscrito), um conjunto de textos sagrados compostos de hinos de louvor e ritos. As características principais do Hinduísmo são o politeísmo e a crença na reencarnação.

Islamismo – O Islamismo está baseado nos ensinamentos de Maomé, chamado "o Profeta", contidos no livro sagrado Alcorão. A palavra "islã" significa "submeter-se" e exprime a submissão à lei e à vontade de Alá (Allah, deus em árabe). Seus seguidores são chamados muçulmanos ou "aqueles que se submetem a Deus". Fundada na península arábica no século VII, estima-se que hoje seja professada por 1,3 bilhão de pessoas.

Espiritismo – Doutrina religiosa baseada na crença da existência do espírito (alma) independente do corpo e em seu retorno à Terra em sucessivas reencarnações até atingir a perfeição. Sua principal corrente é o Kardecismo, formulado em 1857 no *Livro dos espíritos* pelo professor francês de ciências Allan Kardec (1804-1869), pseudônimo de Denisard Léon Hippolyte Rivail.

Candomblé – Religião afro-brasileira que cultua orixás, deuses das nações africanas de língua iorubá. Os lugares onde as cerimônias ocorrem são chamados "terreiros" e os sacerdotes, "pais-de-santo" ou "mães-de-santo". As festas do Candomblé são celebradas em dialeto africano e marcadas pelo ritmo dos atabaques (tambores) e pelos cantos que variam segundo o orixá homenageado. A Federação Nacional de Tradição e Cultura Afro-Brasileira estima que 70 milhões de brasileiros têm ligação com o Candomblé ou com a Umbanda, que surgiu no Brasil por volta de 1908.

Animismo – Conceito criado pelo antropólogo inglês Edward Burnett Tylor (1832-1917), no fim do século passado, para caracterizar as religiões tradicionais de diversos grupos étnicos da África, América, Ásia, Oceania e de sociedades primitivas da Europa, que têm em comum a crença em espíritos, em almas que animam tudo o que existe.

Bahaísmo - Doutrina da seita Fé no Baha´i, fundada na Pérsia por Mirza Husain Ali Nuri (1817-1892). Prega a fraternidade e a união das religiões, o fim dos preconceitos e a paz mundial.

Jainísmo - Escola heterodoxa da Índia fundada por Maavira no século VI a.C. Aceita as doutrinas do carma, de ações produzindo reações, acredita na efetiva realização da virtude e se opõe ao sistema de castas do Bramanismo.

Xintoísmo - religião nacional do Japão anterior ao Budismo.

Direitos Humanos

> *Todas as pessoas nascem livres e iguais em dignidade e direitos. São dotadas de razão e consciência e devem agir em relação uns aos outros com espírito de fraternidade.*

Artigo 1º da Declaração dos Direitos do Homem - ONU, 1948

III. Direitos humanos

Linha do tempo dos direitos humanos

- 1750 a.C. – Código de Hamurabi, Babilônia
- 1200-300 a.C. – Antigo Testamento
- 551-479 a.C. – Confúcio
- 40-100 d.C. – Novo Testamento
- 644-656 d.C. – Alcorão
- 1215 – Carta Magna, Inglaterra
- 1628 – Petição de Direitos
- 1679 – Lei de "habeas corpus"
- 1789 – Declaração dos Direitos do Homem e do Cidadão, França
- 1791 – Declaração dos Direitos da Mulher e da Cidadã, França
- 1863 – Cruz Vermelha, Genebra
- 1864-1949 – Convenções de Genebra
- 1919 – Pacto da Sociedade das Nações
- 1930 – Protocolo especial relativo à apátrida, Haia; – Convenção sobre o Trabalho Forçado
- 1933 – Convenção Internacional Relativa à Repressão do Tráfico de Mulheres Maiores, Genebra
- 1945 – Nações Unidas
- 1947 – Mahatma Gandhi

1948 – Declaração Universal dos Direitos do Homem

1950 – Convenção europeia

1951 – Convenção relativa ao Estado de Refugiados

1959 – Declaração Universal dos Direitos da Criança

1961 – Fundação da Anistia Internacional

1965 – Convenção Internacional sobre a Eliminação de Todas as Formas de Discriminação Racial

1966 – Convenção Internacional dos Direitos Civis e Políticos;
– Convenção Internacional dos Direitos Econômicos, Sociais e Culturais

1973 – Convenção Internacional sobre Supressão e Castigo do Crime de Apartheid

1979 – Convenção Internacional sobre a Eliminação de Todas as Formas de Discriminação contra Mulheres

1984 – Convenção Internacional contra Tortura e Outros Tratamentos ou Penas Cruéis, Desumanos ou Degradantes

1986 – Escritura Africana sobre o Humano e os Direitos de Pessoas

1989 – Convenção Internacional dos Direitos da Criança

1993 – Declaração sobre a Eliminação da Violência Contra as Mulheres;
– Declaração dos Direitos dos Povos Indígenas;
– II Conferência Mundial sobre Direitos Humanos, Viena

Código de Hamurabi – 1750 a.C.

Criado pelo rei Hamurabi (1728-1686 a.C.), fundador do I Império Babilônico na Mesopotâmia, esse código é o **conjunto jurídico mais antigo da história**. São 282 artigos inscritos numa coluna de pedra, descoberta no Irã em 1901, agora em Paris. Estabelece regras de vida e propriedade e determina penas baseadas na Lei de Talião *("Olho por olho, dente por dente")*, princípio que influenciou por séculos a civilização oriental.

Antigo Testamento – 1200-300 a.C.

Ao contrário da maioria dos povos que adoravam muitos deuses, os israelitas antigos acreditavam em um Deus universal, que teria firmado um pacto com a humanidade, cujo curso dependia da obediência às leis ditadas por Ele, registradas em 39 livros. Essas Escrituras, conhecidas como Antigo Testamento, também podem ter servido de fundamento para cristãos e muçulmanos. Os cinco primeiros livros, que constituem a Torá, começam com os Dez Mandamentos, recebidos por Moisés no monte Sinai. Suas leis determinam o **respeito pela vida** e a propriedade, estabelecendo **direitos** em termos de deveres.

Confúcio – 551-479 a.C.

Confúcio viveu na época em que a China estava dividida em Estados feudais, que lutavam pelo poder. Dedicou-se ao ensino de um grupo de discípulos, que tentou transformar em *jens*, seres humanos perfeitos que praticam o exercício do amor e da bondade. O confucionismo tem como princípio básico a busca do caminho (Tao), que garante o equilíbrio entre a vontade da Terra e a vontade do Céu. Segundo seus preceitos, só quem **respeita o próximo** é capaz de desempenhar seus deveres sociais. As cinco virtudes consideradas essenciais são: o amor ao próximo, a justiça, o cumprimento das regras adequadas de conduta, autoconsciência da vontade do Céu e sabedoria e sinceridade desinteressadas.

Novo Testamento – 40-100 d.C.

Após a morte de Jesus, seus discípulos registraram os fatos de sua vida em cartas e contos que rapidamente circularam entre os cristãos e formaram o **Novo Testamento**, dividido em quatro Evangelhos ("boa nova", em grego). Escritos entre 40 e 100 d.C., são atribuídos aos apóstolos Mateus, Marcos, Lucas e João. Os outros textos são: o livro dos Atos dos Apóstolos, de autoria de Lucas, que conta a vida dos primeiros cristãos; as Epístolas, de Paulo e outros discípulos, cartas dirigidas a comunidades de cristãos; e o Apocalipse, do apóstolo João, com visões proféticas sobre o fim dos tempos, o juízo final e a volta de Jesus.

Carta Magna – 1215

Em 15 de junho de 1215, nobres e clero impuseram ao rei João da Inglaterra, conhecido como João Sem Terra, que assinasse a **Carta Magna** que limitava os poderes da monarquia e garantia as liberdades e o direito à defesa. Em 1628, a petição de Direitos foi imposta pelo Parlamento ao monarca e, em 1669, o habeas corpus garantiu o amparo à liberdade pessoal.

Declaração dos Direitos do Homem e do Cidadão – 1789

Por volta de 1730, os representantes do clero, da nobreza e dos cidadãos escreveram a declaração para exemplificar os pensamentos de figuras do **Iluminismo**, como Voltaire, Montesquieu e Rousseau. Embora os esforços de reforma falhassem e a França caísse em revolução, o legado da declaração prevaleceu, substituindo o sistema de privilégios aristocráticos, que havia existido sob a monarquia com o princípio de igualdade antes da lei. Atacou os sistemas políticos e legais da monarquia e definiu os direitos naturais do homem, como "liberdade, propriedade, segurança e o direito de resistir à opressão".

Cruz Vermelha – 1863

A Cruz Vermelha foi criada na Suíça como uma **instituição humanitária** privada e neutra em termos políticos e religiosos, para prestar serviços voluntários às vítimas de guerras e catástrofes naturais do mundo. Compreende o Comitê Internacional da Cruz Vermelha (ICRC) e a Federação Internacional das Sociedades da Cruz Vermelha e do Crescente Vermelho, que intervêm localmente no auxílio às vítimas de catástrofes e conflitos. A Cruz Vermelha está presente em 176 países do mundo e em dezesseis capitais do Brasil.

Convenções de Genebra – 1864-1949

A Convenção de Genebra de 1864 foi o primeiro tratado de direito internacional que dizia respeito à conduta das nações em tempo de guerra, assegurando o **respeito à dignidade humana**. Revisada em 1949, determina providências quanto ao tratamento de soldados e prisioneiros de guerra doentes ou feridos, bem como a proteção de civis e não combatentes. Sua aplicação é monitorada pelo Comitê Internacional da Cruz Vermelha.

Mahatma Gandhi – 1869-1948

Mohandas Karamchand Gandhi formou-se em Direito em Londres e, em 1891, voltou à Índia, sua terra natal, para praticar a advocacia. Dois anos depois, foi trabalhar na África do Sul, onde iniciou seu movimento pacifista, lutando pelos direitos da comunidade hindu. Ao retornar à Índia, em 1914, disseminou suas idéias, **pregando a não violência** como forma de resistência. Por vezes, sensibilizou a opinião pública fazendo greves de fome. Em 1947, viu proclamada a independência da Índia. Apesar de tentar evitar a luta entre hindus e muçulmanos, teve de aceitar a divisão do país e a criação do Estado do Paquistão. Mahatma, ou "a grande alma", como é chamado Gandhi, morreu assassinado com um tiro em 30 de janeiro de 1948.

Nações Unidas – 1945 (ver página 73)
Declaração Universal dos Direitos do Homem – 1948 (ver página 75)
Declaração Universal dos Direitos da Criança – 1959 (ver página 83)
Anistia Internacional – 1961

Prêmio Nobel da Paz em 1977, a Anistia Internacional é uma organização não governamental fundada em Londres em 1961 para **defender os direitos humanos no mundo**, atuando pela libertação de indivíduos presos por questões ideológicas, raciais ou religiosas e combatendo a tortura, a pena de morte, as execuções extrajudiciais e os desaparecimentos. Sua ação é baseada na Declaração Universal dos Direitos do Homem e do Cidadão. Possui 1,1 milhão de membros em 160 países.

As Nações Unidas

O nome Nações Unidas foi concebido pelo presidente norte-americano Franklin Roosevelt e utilizado pela primeira vez na Declaração das Nações Unidas, em 1º de janeiro de 1942. A Carta das Nações Unidas foi elaborada por representantes de cinquenta países presentes à Conferência sobre Organização Internacional, realizada em São Francisco, nos Estados Unidos, de 25 de abril a 26 de junho de 1945.

As Nações Unidas, entretanto, começaram a existir oficialmente em 24 de outubro de 1945, após a ratificação da carta pela maioria dos signatários. **O objetivo das Nações Unidas é juntar todas as nações do mundo em prol da paz e do desenvolvimento, com base nos princípios de justiça, dignidade humana e bem-estar de todos.** Dá aos países a oportunidade de tomar em consideração a interdependência mundial e os interesses nacionais na busca de solução para os problemas internacionais.

Os propósitos das Nações Unidas são: **manter a paz** em todo o mundo; desenvolver relações **amistosas** entre as nações; trabalhar em conjunto para **ajudar as pessoas a viverem melhor**, eliminar a pobreza, a doença e o analfabetismo, acabar com a destruição do ambiente e incentivar o respeito pelos **direitos** e liberdades dos outros; ser um centro capaz de ajudar as nações a alcançarem esses objetivos. Seu logotipo representa o mundo rodeado por ramos de oliveira, símbolo da paz.

Existem hoje 195 países no mundo, Estados com soberania reconhecida, dos quais apenas dois não fazem parte da ONU: Taiwan (Formosa) e Vaticano. A Confederação Suíça ingressou em 10 de setembro de 2002 e a República Democrática do Timor Leste em 27 de setembro de 2002. O **Brasil** é membro fundador da ONU desde 24 de outubro de 1945.

Preâmbulo da Carta das Nações Unidas

"Nós, os povos das Nações Unidas, resolvidos a preservar as gerações vindouras do flagelo da guerra, que por duas vezes, no espaço de uma vida humana, trouxe sofrimentos indizíveis à humanidade; reafirmar a nossa fé nos direitos fundamentais do homem, na dignidade e no valor da pessoa humana, na igualdade de direito dos homens e das mulheres, assim como das nações, grandes e pequenas; estabelecer as condições necessárias à manutenção da justiça e do respeito das obrigações decorrentes de tratados e de outras fontes do direito internacional; promover o progresso social e melhores condições de vida dentro de um conceito mais amplo de liberdade. E para tais fins: praticar a tolerância e viver em paz, uns com os outros, como bons vizinhos; unir as nossas forças para manter a paz e a segurança internacionais; garantir, pela aceitação de princípios e pela instituição de métodos, que a força armada não será usada a não ser no interesse comum; empregar mecanismos internacionais para promover o progresso econômico e social de todos os povos; resolvemos conjugar os nossos esforços para a consecução desses objetivos. Em vista disso, os nossos respectivos governos, por intermédio dos seus representantes reunidos na cidade de São Francisco, depois de exibirem os seus plenos poderes, que foram achados em boa e devida forma, adotaram a presente Carta das Nações Unidas e estabelecem, por meio dela, uma organização internacional que será conhecida pelo nome de Nações Unidas."

26 de junho de 1945.

Declaração Universal dos Direitos do Homem

Em 10 de dezembro de 1948, a Assembléia Geral das Nações Unidas adotou e proclamou a Declaração Universal dos Direitos do Homem, que estabelece os direitos naturais de todo ser humano, independentemente de sua nacionalidade, cor, sexo, orientação religiosa, política ou sexual.

Organizada por uma comissão presidida por Eleanor Roosevelt, foi redigida pelo francês René Cassin (1887-1976), com base na Declaração dos Direitos do Homem e do Cidadão, da Revolução Francesa (1789). Apesar de não ser uma lei, tem grande força moral e norteia boa parte das decisões tomadas pela comunidade internacional. Seus princípios fazem parte de constituições e leis da maior parte dos países do mundo. Seus artigos pregam a igualdade, o direito à vida, à liberdade, à educação, à alimentação, à habitação, à saúde, à propriedade, à participação política e ao lazer.

A Assembléia Geral proclama:

> *A presente Declaração Universal dos Direitos do Homem como o ideal comum a ser atingido por todos os povos e todas as nações, com o objetivo de que cada indivíduo e cada órgão da sociedade, tendo sempre em mente esta Declaração, se esforce, através do ensino e da educação, por promover o respeito a esses direitos e liberdades, e, pela adoção de medidas progressivas de caráter nacional e internacional, por assegurar o seu reconhecimento e a sua observância universais e efetivos, tanto entre os povos dos próprios Estados-Membros quanto entre os povos dos territórios sob sua jurisdição.*

Artigo I
Todas as pessoas nascem livres e iguais em dignidade e direitos. São dotadas de razão e consciência e devem agir em relação uns aos outros com espírito de fraternidade.

Artigo II
1. Todo homem tem capacidade para gozar os direitos e as liberdades estabelecidas nesta Declaração, **sem distinção de qualquer espécie**, seja de raça, cor, sexo, língua, religião, opinião política ou de outra natureza, origem nacional ou social, riqueza, nascimento, ou qualquer outra condição.

2. Não será também feita qualquer distinção fundada na condição política, jurídica ou internacional do país ou território a que pertença uma pessoa, quer se trate de um território independente, sob tutela, sem governo próprio, quer sujeito a qualquer outra limitação de soberania.

Artigo III
Toda pessoa tem direito à vida, à liberdade e à segurança pessoal.

Artigo IV
Ninguém será mantido em escravidão ou servidão; a escravidão e o tráfico de escravos serão proibidos em todas as suas formas.

Artigo V
Ninguém será submetido à tortura nem ao tratamento ou castigo cruel, desumano ou degradante.

Artigo VI
Toda pessoa tem o direito de ser, em todos os lugares, reconhecida como pessoa perante a lei.

Artigo VII
Todos são iguais perante a lei e têm direito, sem qualquer distinção, a igual proteção da lei. Todos têm direito a igual proteção contra qualquer discriminação que viole a presente Declaração e contra qualquer incitamento a tal discriminação.

Artigo VIII
Toda pessoa tem direito a receber dos tribunais nacionais competentes remédio efetivo para os atos que violem os direitos fundamentais que lhe sejam reconhecidos pela constituição ou pela lei.

Artigo IX
Ninguém será arbitrariamente preso, detido ou exilado.

Artigo X
Toda pessoa tem direito, em plena igualdade, a uma justa e pública audiência por parte de um tribunal independente e imparcial, para decidir sobre seus direitos e deveres ou do fundamento de qualquer acusação criminal contra ele.

Artigo XI
1. Todo homem acusado de um ato delituoso tem o direito de ser presumido **inocente** até que a sua culpabilidade tenha sido provada de acordo com a lei, em julgamento público no qual lhe tenham sido asseguradas todas as garantias necessárias à sua defesa.

2. Ninguém poderá ser culpado por qualquer ação ou omissão que, no momento, não constituíam delito perante o direito nacional ou internacional. Tampouco será imposta pena mais forte do que aquela que, no momento da prática, era aplicável ao ato delituoso.

Artigo XII
Ninguém será sujeito a interferências na sua **vida privada**, na sua família, no seu lar ou na sua correspondência, nem a ataques à sua honra e reputação. Toda pessoa tem direito à proteção da lei contra tais interferências ou ataques.

Artigo XIII
1. Todo homem tem **direito à liberdade de locomoção e residência** dentro das fronteiras de cada Estado.

2. Todo homem tem o direito de deixar qualquer país, inclusive o próprio, e a este regressar.

Artigo XIV
1. Todo homem, vítima de perseguição, tem o direito de procurar e de gozar **asilo** em outros países.

2. Esse direito não pode ser invocado em caso de perseguição legitimamente motivada por crimes de direito comum ou por atos contrários aos objetivos e princípios das Nações Unidas.

Artigo XV

1. Todo homem tem direito a uma nacionalidade.

2. Ninguém será arbitrariamente privado de sua nacionalidade, nem do direito de mudar de nacionalidade.

Artigo XVI

1. Os **homens e as mulheres** de maior idade, sem qualquer restrição de raça, nacionalidade ou religião, têm o direito de contrair matrimônio e fundar uma família. Gozam de iguais direitos em relação ao casamento, sua duração e sua dissolução.

2. O casamento não será válido senão como o livre e pleno consentimento dos nubentes.

3. A família é o núcleo natural e fundamental da sociedade e tem direito à proteção da sociedade e do Estado.

Artigo XVII

1. Toda pessoa tem direito à **propriedade**, só ou em sociedade com outros.

2. Ninguém será arbitrariamente privado de sua propriedade.

Artigo XVIII

Todo homem tem direito à **liberdade de pensamento, consciência e religião**; esse direito inclui a liberdade de mudar de religião ou crença e a liberdade de manifestar essa religião ou crença, pelo ensino, pela prática, pelo culto e pela observância, em público ou em particular.

Artigo XIX

Todo homem tem direito à **liberdade de opinião e expressão**; esse direito inclui a liberdade de, sem interferência, ter opiniões e de procurar, receber e transmitir informações e ideias por quaisquer meios e independentemente de fronteiras.

Artigo XX

1. Todo homem tem direito à **liberdade de reunião** e associação pacífica.

2. Ninguém pode ser obrigado a fazer parte de uma associação.

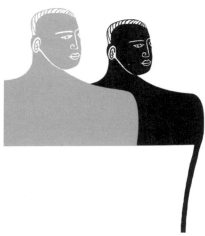

Artigo XXI

1. Todo homem tem o direito de tomar parte no Governo de seu país, diretamente ou por intermédio de representantes livremente escolhidos.

2. Todo homem tem igual direito de acesso ao serviço público do seu país.

3. **A vontade do povo será a base da autoridade do governo**; essa vontade será expressa em eleições periódicas e legítimas, por sufrágio universal, por voto secreto ou processo equivalente que assegure a liberdade de voto.

Artigo XXII

Todo homem, como membro da sociedade, tem **direito à segurança** social; à realização pelo esforço nacional, pela cooperação internacional e de acordo com a organização e recursos de cada Estado, dos direitos econômicos, sociais e culturais indispensáveis à sua dignidade e ao livre desenvolvimento da sua personalidade.

Artigo XXIII

1. Todo homem tem **direito ao trabalho**, à livre escolha de emprego, a condições justas e favoráveis de trabalho e à proteção contra o desemprego.

2. Todo homem, sem qualquer distinção, tem direito a igual remuneração por igual trabalho.

3. Todo homem que trabalha tem direito a uma **remuneração justa** e satisfatória, que lhe assegure, assim como à sua família, uma existência compatível com a dignidade humana, e a que se acrescentarão, se necessário, outros meios de proteção social.

4. Todo homem tem direito a organizar sindicatos e a neles ingressar para a proteção de seus interesses.

Artigo XXIV

Todo homem tem **direito a repouso e lazer**, inclusive a limitação razoável das horas de trabalho e a férias remuneradas periódicas.

Artigo XXV

1. Todo homem tem direito a um **padrão de vida** capaz de assegurar a si e a sua família saúde e bem-estar, inclusive alimentação, vestuário, habitação, cuidados médicos e os serviços sociais indispensáveis, e direito à segurança em caso de desemprego, doença, invalidez, viuvez, velhice ou outros casos de perda dos meios de subsistência em circunstâncias fora de seu controle.

2. **A maternidade e a infância** têm direito a cuidados e assistência especiais. Todas as crianças, nascidas dentro ou fora de matrimônio, gozarão da mesma proteção social.

Artigo XXVI

1. **Todo homem tem direito à instrução.** A instrução será gratuita, pelo menos nos graus elementares e fundamentais. A instrução elementar será obrigatória. A instrução técnico-profissional será acessível a todos, bem como a instrução superior, esta baseada no mérito.

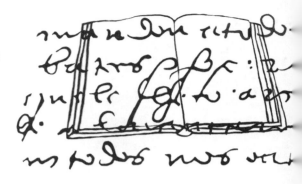

2. A instrução será orientada no sentido do pleno desenvolvimento da personalidade humana e do fortalecimento do respeito pelos direitos do homem e pelas liberdades fundamentais. A instrução promoverá a compreensão, a tolerância e a amizade entre todas as nações e grupos raciais ou religiosos, e coadjuvará as atividades das Nações Unidas em prol da manutenção da paz.

3. Os pais têm prioridade de direito na escolha do gênero de instrução que será ministrada a seus filhos.

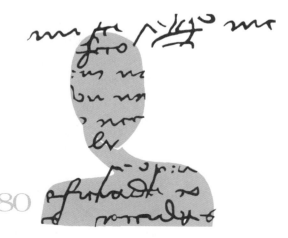

Artigo XXVII

1. Todo homem tem o direito de participar livremente da vida cultural da comunidade, de fruir as artes e de participar do processo científico e de seus benefícios.

2. Todo homem tem direito à proteção dos interesses morais e materiais decorrentes de qualquer produção científica, literária ou artística da qual seja autor.

Artigo XXVIII

Todo homem tem direito a uma ordem social e internacional em que os direitos e liberdades estabelecidos na presente Declaração possam ser plenamente realizados.

Artigo XXIX

1. **Todo homem tem deveres com a comunidade**, na qual o livre e pleno desenvolvimento de sua personalidade é possível.

2. No exercício de seus direitos e liberdades, todo homem estará sujeito apenas às limitações determinadas por lei, exclusivamente com o fim de assegurar o devido reconhecimento e respeito dos direitos e liberdades de outrem e de satisfazer as justas exigências da moral, da ordem pública e do bem-estar de uma sociedade democrática.

3. Esses direitos e liberdades não podem, em hipótese alguma, ser exercidos contrariamente aos objetivos e princípios das Nações Unidas.

Artigo XXX

Nenhuma disposição da presente Declaração pode ser interpretada como o reconhecimento a qualquer Estado, grupo ou pessoa do direito de exercer qualquer atividade ou praticar qualquer ato destinado à destruição de quaisquer dos direitos e liberdades aqui estabelecidos.

Direitos humanos nas escolas

Antes de introduzir o assunto "direitos humanos" nas salas de aula, é preciso uma preparação por parte da escola. **Professores, diretores e orientadores** devem estar de comum acordo para evitar qualquer tipo de constrangimento ou controvérsia interna. Com o respaldo da escola, os professores se sentirão mais amparados para prosseguir e até mesmo formar uma equipe interdisciplinar para adaptar os temas ao currículo.

O que os professores podem fazer

- Ser um "professor global", partindo da perspectiva local para uma **perspectiva planetária**.
- Criar um clima de respeito à diferença, fazendo com que os estudantes confiem que se não se sentirão tolos, discriminados ou repreendidos se expressarem as suas opiniões. Manter um ambiente que não julgue e não se mostre ameaçador.
- Estar preparado para preconceitos comuns à maioria.
- Lembrar-se de que os estudantes estarão atentos às suas atitudes e provavelmente cobrarão testemunho do que diz.
- Não menosprezar o conhecimento de sua audiência (todo mundo vê noticiários na TV). Ser realista e mostrar as situações como elas se apresentam.
- Expor as informações de um modo **convidativo**, com entusiasmo e criatividade.
- Considerar as experiências dos alunos e sua realidade de vida.
- **Encorajar os alunos** a fazer perguntas.
- Lembrar que a empatia facilita a comunicação.
- Apresentar informações equilibradas, procurando mostrar os vários lados de uma questão (não se deixar levar só pelo que aparece na mídia, evitando julgar um dos lados).
- Verificar o conhecimento e as opiniões que os estudantes já têm sobre justiça, leis, liberdade, diversidade cultural etc.
- Sempre enfocar os problemas com **otimismo**, como "problemas a serem resolvidos" e não "problemas que nos subjugam", para que não nasça o sentimento de impotência no lugar da **vontade de ação**.

- Dar aos estudantes a responsabilidade pela criação de projetos e sua realização.
- Evitar longas apresentações do tema. Usar atividades de **participação em grupo**.
- Escolher trechos de filmes, notícias de jornal e letras de música como temas de discussão.
- Envolver os estudantes na formulação das regras e códigos de conduta na escola e na classe.
- Unir os alunos e comunidade por meio de projetos especiais e **visitas a organizações** que defendem o meio ambiente e as minorias.
- Estimular a sensação de **cidadania**. Mostrar que todos têm direitos e responsabilidades e que é bom apoiar algo positivo ou acreditar nele.
- Representar em classe um tribunal, uma assembleia ou eleição com direito a voto.

Declaração Universal dos Direitos da Criança (ONU – 30 de novembro de 1959)

Toda criança tem direito:

1. À **igualdade**, sem distinção de raça, religião ou nacionalidade.
2. A especial **proteção** para o seu desenvolvimento físico, mental e social.
3. A um **nome** e a uma **nacionalidade**.
4. À **alimentação**, à **moradia** e à **assistência médica** adequadas... e para a mãe.
5. À **educação** e a **cuidados especiais** para a criança física ou mentalmente deficiente.
6. Ao **amor** e à compreensão por parte dos pais e da sociedade.
7. À **educação** gratuita e ao **lazer** infantil.
8. **A ser socorrida** em primeiro lugar, em caso de catástrofes.
9. **A ser protegida** contra o abandono e a exploração no trabalho.
10. A crescer dentro de um **espírito de solidariedade**, compreensão, amizade e justiça entre os povos.

Resumo da Convenção das Nações Unidas sobre os Direitos das Crianças

- As crianças têm direito a estar com a **família** ou com aqueles que melhor zelam por elas.
- As crianças têm direito à **alimentação** suficiente e a **água** potável.
- As crianças têm direito a um **nível de vida** adequado.
- As crianças têm direito aos cuidados de **saúde**.
- As crianças deficientes têm direito a **cuidados e educação especiais**.
- As crianças devem poder **falar a sua própria língua** e praticar a sua **religião e cultura**.
- As crianças têm direito a **brincar**.
- As crianças têm direito à **educação gratuita**.
- As crianças têm direito à **segurança** e a não serem molestadas nem exploradas, nem negligenciadas.
- As crianças **não devem ser usadas como mão-de-obra** barata nem na guerra.
- As crianças têm direito a ser **protegidas** da crueldade, da negligência e da injustiça.
- As crianças têm direito a **expressar** as suas opiniões e a reunir-se para exprimir os seus pontos de vista.

Problemas

« *No meio de qualquer dificuldade encontra-se a oportunidade.* »

Albert Einstein

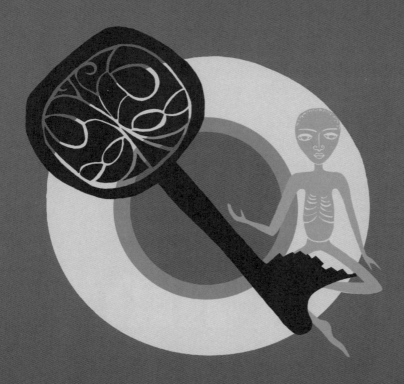

IV. Nossos maiores problemas: população, fome e pobreza

População

No primeiro ano da Era Cristã, a população mundial era de 200 milhões de pessoas. A população do planeta atingiu 7,2 bilhões de pessoas, (ONU) em 2013. De acordo com as projeções de crescimento demográfico a população mundial deve chegar a 8,1 bilhões de pessoas em 2025 e 9,6 bilhões em 2050. Toda essa gente precisa de abrigo, roupas, alimentos, água e combustíveis. Toda essa gente produz lixo. Parte dessas pessoas explora o ambiente para se manter viva. **Como podemos assegurar o seu bem-estar e, ao mesmo tempo, proteger o meio ambiente?**

O aumento da população e do consumo tem gerado destruição de hábitats naturais, espécies ameaçadas, solos degradados, ar e água contaminados e derretimento das calotas polares, a causa do aquecimento do clima mundial.

Os países mais populosos da Terra são (em milhões): China (1.351), Índia (1.224), Estados Unidos (313), Indonésia (245), Brasil (203), Paquistão (187), Federação Russa (138), Bangladesh (158), Nigéria (158) e Japão (126). Fatores naturais, histórico-culturais e econômicos condicionam a irregularidade da distribuição da população na Terra.

Metade da população mundial tem menos de 25 anos; 30 por cento tem até 14 anos; 60 por cento, entre 15 e 59 anos, e 10 por cento, acima dos 60. Nas regiões mais desenvolvidas, onde vivem 1,2 bilhão de pessoas (20 por cento da população), a taxa de fertilidade é baixa, ao passo que nas regiões menos desenvolvidas a taxa de crescimento é alta e o nível de emprego, baixo. Até o ano 2010, 700 milhões de pessoas deverão tornar-se economicamente ativas nas regiões mais pobres, ao passo que nos países ricos faltarão jovens para sustentar a população de idosos.

Daqui a cinquenta anos, a população de crianças se reduzirá de 30 por cento para 21 por cento, enquanto a de idosos dobrará. Cerca de 3,2 milhões de pessoas terão mais de 100 anos.

Dos 195 países do planeta, metade deles tem mais mulheres. Há uma certa proporção equilibrada entre os sexos na população da América Latina, Sudeste da Ásia e África, enquanto na Europa, na Comunidade dos Estados Independentes (CEI) e nos Estados Unidos há relativamente mais mulheres. Mas a partir do ano 2000, estima-se que a proporção de homens e mulheres se equilibre.

As taxas de natalidade, fertilidade e mortalidade, a expectativa de vida e o crescimento vegetativo servem para avaliar as condições de vida de num país. Já o padrão de vida pode ser aferido pela distribuição de renda, as condições médico-sanitárias, os níveis de analfabetismo e evasão escolar e a depreciação da rede pública de ensino.

Há no mundo hoje 6.528 idiomas, metade deles em vias de desaparecer por não serem passados às novas gerações.

Se fôssemos 100 no mundo

A população mundial é por volta de seis bilhões de habitantes. Se houvesse apenas 100 habitantes na Terra:

- 60 seriam asiáticos; 14, americanos; 13, africanos; e 12, europeus;
- 51 seriam mulheres e 49, homens;
- 30 teriam até 14 anos; 17, entre 15 e 24; 60, entre 15 e 59; e 10 teriam mais de 60 anos;
- 47 viveriam em cidades;
- 30 seriam brancos e 70, não brancos;
- 33 seriam cristãos; 22, muçulmanos; 15, hindus;
- 17 seriam analfabetos e apenas 1 teria educação superior;
- 60 pessoas seriam pobres e 11, extremamente pobres;
- 48 pessoas viveriam com menos de 2 dólares por dia e 20 pessoas com 1 dólar;
- 40 não teriam saneamento básico;
- 18 não teriam acesso à água potável e 2 não teriam um teto;
- 4 passariam fome e 34 seriam anêmicas;
- 63 não teriam trabalho;
- 2 viveriam longe do seu país de origem;
- 6 pessoas concentrariam 59 por cento da riqueza mundial.

Se fôssemos 100 no Brasil

No início de 2003, a população brasileira passou dos 175 milhões de habitantes. Se ela fosse de apenas 100 pessoas:

- 54 seriam brancos; 39,9, pardos; 5,4, negros; 0,5, amarelo; 0,2, indígena;
- 51 seriam mulheres e 49, homens;
- 30 teriam menos de 15 anos e 9 seriam idosos;
- 71 seriam católicos; 10, de outras religiões cristãs; e 19, de outras religiões;
- 81 morariam em cidades;
- 13 seriam analfabetos;
- 31 seriam pobres e 14, extremamente pobres;
- 23 seriam subnutridas e 11 não teriam o que comer;
- 17 viveriam com menos de 1 dólar por dia;
- 1 mais rico teria a mesma quantidade de recursos que os 50 mais pobres; Os 10 mais ricos concentrariam metade da renda nacional.

Fome

Neste momento, o mundo produz alimento suficiente para alimentar todos os homens, mulheres e crianças do planeta. Apesar disso, a fome continua atingindo aproximadamente 840 milhões de pessoas (quase um sexto da humanidade).

Os mais vulneráveis são as crianças, as grávidas, as mães solteiras, os velhos, os sem-teto, os desempregados e as minorias étnicas e raciais. Quase duzentos milhões de crianças de menos de 5 anos estão abaixo do peso adequado por falta de comida. **A cada 7 segundos uma criança morre de fome ou de causas a ela relacionadas.**

Segundo a Organização das Nações Unidas para Agricultura e Alimentação (FAO), o mundo está longe de atingir a meta fixada em 1996 na Cúpula Mundial da Alimentação, de reduzir à metade o número de pessoas que passam fome até o ano de 2015.

A organização tem conclamado os países do mundo a reunirem vontade política e recursos a fim de reduzir a fome e a pobreza. Quase metade da população mundial (2,8 bilhões de pessoas) vive com uma renda de até 2 dólares por dia, e destes 1,3 bilhão (**uma em cada cinco pessoas**) sobrevive com até 1 dólar por dia.

As consequências imediatas da fome são a perda de peso nos adultos e o aparecimento de problemas no desenvolvimento das crianças. A desnutrição, principalmente por causa da falta de alimentos energéticos e proteínas, aumenta nas populações afetadas e faz crescer a taxa de mortalidade, em parte pela fome e também pela perda da capacidade de combater as infecções.

Causas da fome

As causas da fome são: **pobreza**; **superpopulação**; **distribuição** ineficiente dos alimentos; **reforma agrária** precária; instabilidade **política**; ineficácia e má administração dos **recursos naturais; guerra;** conflitos civis; **difícil acesso** aos meios de produção pelos trabalhadores rurais, pelos sem-terra ou pela população em geral; invasões; planificação deficiente da agricultura; contraste na concentração da renda e da terra; destruição deliberada das colheitas; influência das transnacionais de alimentos na produção agrícola e nos hábitos alimentares das populações dos países em desenvolvimento; a relação entre a dívida externa dos países em desenvolvimento e a deterioração cada vez mais elevada do seu nível alimentar; a relação entre cultura e alimentação.

Pobreza

Muitas pessoas pobres não têm dinheiro para comprar alimentos suficientes. Mais de 1 bilhão de pessoas vivem com menos de 1 dólar por dia. A desnutrição debilita as pessoas para o estudo e o trabalho e as deixa mais vulneráveis às doenças.

Ambiente

O clima, a seca, as inundações, os terremotos, as pragas de insetos e enfermidades das plantas são condições desfavoráveis do ambiente. Os pobres dependem muito da natureza para suprir suas necessidades básicas de alimentação, energia e água. Mas, muitas vezes, são forçados a destruir as mesmas fontes naturais de que dependem. Por outro lado, os pequenos agricultores que possuem terra também prejudicam o solo com métodos que o degradam.

Falta de acesso
Algumas pessoas vivem em lugares isolados, longe dos mercados ou não dispõem de caminhos, meios de transporte ou dinheiro para chegar a eles.

Falta de terra
Muitas pessoas pobres carecem de terras, sementes ou ferramentas apropriadas para o cultivo. Quando a população cultiva seus alimentos, é frequente as plantações serem destruídas por insetos, secas, inundações ou guerras.

Alimentação desbalanceada
Outra causa da desnutrição é a falta de conhecimento ou condições para uma dieta equilibrada, composta de cereais, hortaliças, carnes, laticínios e outros alimentos. Em 1998, em pelo menos vinte países africanos a população se alimentava unicamente de raízes, folhas e frutos silvestres. Metade dos habitantes da Terra ingere uma quantidade de alimentos inferior às suas necessidades básicas e 25 por cento não tem uma dieta suficiente em proteína. Mais de 1,2 bilhão de pessoas são anêmicas. As mulheres têm necessidades alimentícias especiais, porque concebem e alimentam as crianças.

Conflito
A guerra rompe o ciclo de cultivo, comercialização e distribuição da colheita dos agricultores. E em muitas situações, intermediários extraviam os alimentos, que não chegam a quem deles necessita. Em alguns países, mesmo sem um conflito, gastos militares pesados drenam o dinheiro que poderia ser destinado à produção de alimentos, à educação e à saúde. O gasto militar global é maior que a renda total dos 45 por cento mais pobres do mundo.

Política
Muitos governos não valorizam a própria produção de alimentos, favorecendo os interesses de algumas cidades ou indústrias ou de grandes exportadores em detrimento dos interesses das áreas rurais e dos pequenos agricultores.

Superpopulação
O crescimento desproporcional da população em relação à capacidade de sustentação é outra causa da fome. Em 1900, o mundo tinha menos de 200 milhões de pessoas. Agora, um século depois, mais de seis bilhões de pessoas vivem na Terra. Daqui a cinquenta anos, cerca de 9,3 bilhões de pessoas compartilharão este pequeno planeta.

Soluções para o problema da fome

Assim como a fome não obedece a uma só causa, tampouco tem uma só solução. As organizações de assistência de todo o mundo tratam de prevenir e aliviar a fome de diversas maneiras:

- proteger a população contra a fome, proporcionando alimentos em situações de **urgência**;
- reduzir a pobreza mediante o **desenvolvimento econômico**;
- ajudar a população pobre a encontrar **trabalho** e a conservá-lo ou capacitá-la para trabalhos que lhe permitam ganhar dinheiro;
- informar a população sobre a necessidade de uma **dieta equilibrada**;
- aumentar a **produtividade** da agricultura com o fim de obter mais alimentos para uma população mundial em crescimento;
- alguns recursos simples para as pessoas pobres serem capazes de se tornar autossuficientes na produção de alimentos: semente de qualidade, ferramentas apropriadas, acesso à água; técnicas e armazenamento de comida também são úteis.

Sem fome na escola

Muitos especialistas em fome acreditam que o **melhor modo de reduzir a fome é a educação.**

O Programa Mundial de Alimentos da Organização das Nações Unidas (WFP) pediu, no final de 2001, a criação de um programa global de alimentação escolar para as crianças que vão à escola com fome todos os dias. Dos 300 milhões de crianças com fome crônica em todo o mundo, 170 milhões vão à escola diariamente sem nenhuma alimentação.

A agência atualmente alimenta em torno de 12 milhões de menores em idade escolar, em 54 países. Segundo ela:

《 Os líderes mundiais deveriam ver os benefícios da alimentação na escola como uma ferramenta simples, mas efetiva, para ajudar a acabar com a pobreza. (...) Isso também incentiva as crianças a irem à escola para progredir e pensarem por elas mesmas. Dar uma refeição nutritiva para alunos pobres hoje é importante para auxiliá-las a se tornarem alfabetizadas e adultos responsáveis socialmente amanhã. 》

A fome no Brasil

No Brasil, em 1993, surgiu a "Ação da Cidadania contra a Miséria e pela Vida", lançada pelo sociólogo **Herbert de Souza**. Essa campanha tomou forma depois que o Instituto de Pesquisas Econômicas Aplicadas (Ipea) apresentou um estudo que indicava que 9,2 milhões de famílias passavam fome no Brasil.

Na região mais pobre, o Nordeste, 51,2 por cento da população situa-se abaixo da linha de pobreza. Em 1991, 26,4 por cento dos menores de 17 anos do Nordeste pertenciam a famílias cujos chefes ganhavam menos de meio salário mínimo por mês.

O Brasil é o quinto país do mundo em extensão territorial, ocupando metade da área do continente sul-americano. Em 1987, no Brasil, quase 40 por cento da população (50 milhões de pessoas) vivia em extrema pobreza. Hoje, **um terço da população é malnutrida**, 9 por cento das crianças morrem antes de completar 1 ano de vida e 37 por cento do total são trabalhadores rurais sem-terras. Há ainda o problema da concentração da produção agrícola, em que grande parte fica nas mãos de poucas pessoas.

A produção para o mercado externo, visando à entrada de divisas e ao pagamento da dívida externa, vem crescendo, enquanto a diversidade da produção de alimentos dirigida ao mercado interno tem diminuído, ficando numa posição secundária. Ao lado disso, milhões de pessoas vivem em favelas, na periferia das grandes cidades. O caso das migrações internas é um problema gerado dentro da própria nação.

Grande parte dos favelados deixou terras de sua propriedade ou locais onde plantavam sua produção agrícola. Nos grandes centros, essas pessoas vão exercer funções mal pagas, muitas vezes em trabalho não regular. Quase toda a família trabalha, até mesmo as crianças, frequentemente durante o dia inteiro, e alimenta-se mal, raramente ingerindo o suficiente para repor as energias gastas. Nesse círculo vicioso, cada vez mais famílias se aglomeram nas cidades e passam fome por não conseguirem meios para suprir sua subsistência.

Fome zero

O Programa Fome Zero, anunciado no primeiro discurso do presidente eleito Luiz Inácio Lula da Silva, tem por objetivo combater as causas estruturais da fome e da pobreza e, ao mesmo tempo, assegurar que haja comida na mesa de quem mais precisa.

O Programa reúne políticas estruturais que combatem as causas da pobreza, políticas específicas que buscam interromper o binômio "fome–pobreza" e políticas locais, urbanas e rurais que apoiam e divulgam iniciativas de prefeituras e da sociedade.

Além das ações emergenciais no combate à fome e à pobreza, há um conjunto de políticas voltadas para tratar as suas causas, como a geração de emprego e renda, incentivo à agricultura familiar, reforma agrária, programas de convivência com a seca e programa de alfabetização.

Algumas das medidas propostas são a ampliação da merenda escolar, cartão-alimentação, distribuição emergencial para pessoas que estão em risco quanto à segurança alimentar (como famílias acampadas, comunidades indígenas, quilombolas, pessoas que se alimentam nos lixões e vítimas de calamidades naturais).

Os recursos para o Fome Zero vêm do próprio governo federal, de doações de pessoas físicas ou jurídicas, nacionais ou estrangeiras e de projetos de cooperação internacional.

Temas de discussão

- **pobreza:** o que significa não ter dinheiro? Poderíamos sobreviver com o equivalente a 1 dólar por dia?

- **nutrição:** o que as pessoas comem em cada lugar do mundo, e por quê? Quais os aspectos cerimoniais, religiosos e culturais da alimentação ao longo do tempo? O que é uma alimentação saudável? Quantas calorias e que nutrientes contêm os alimentos? Qual a função do sal iodado na luta contra o bócio? Como a desnutrição impede a aprendizagem provocando atraso mental e retardando o crescimento físico?

- **desenvolvimento mundial:** a função da assistência exterior na luta contra a fome no âmbito nacional.

- **agricultura:** como cultivar mais alimentos. Métodos de cultivo orgânico e métodos que empregam grande quantidade de produtos químicos. Comparação entre a agricultura de hoje e a de cem anos **atrás**.

- **crescimento demográfico:** número de habitantes, onde vivem e por quê? Vínculos entre população, recursos naturais e carência de alimentos.

- **história e política:** quais os vínculos entre política e alimentos?

Sugestões de atividades

- Selecione **artigos de jornal** que se relacionem com a pobreza. Compare a importância que foi dada a ele em relação às outras manchetes do dia.

- Explique **por que** existem crianças famintas se o mundo produz alimentos suficientes para todos. (Alguns dos motivos: pais que não são conscientes das necessidades nutricionais dos filhos, mães que precisam trabalhar e não dispõem de tempo ou dinheiro para alimentar adequadamente os filhos etc.)

- Indique algumas **soluções** para acabar com a fome. (Seria uma solução que países que dispõem de muito alimentos os enviassem para os países onde há fome?).

- Em seu país há fome? Em que região? O que pode ser feito para ajudar?

- Em **sua comunidade** há pessoas que passam fome? Quais os programas que existem para ajudá-las? (Abrigos, distribuição de alimentos etc.).

- No mundo, 840 milhões pessoas não têm alimentos suficientes. Compare essa cifra com o número de habitantes do país.

- **Pesquise** organizações que trabalham no combate à fome.

- Faça um diário para registrar suas opiniões e **sentimentos** sobre o tema fome e pobreza, formule projetos, redija artigos ou escreva poesias. Compartilhe as informações com amigos e com a comunidade, escrevendo cartas aos jornais e aos representantes do governo.

Outros problemas mundiais
Aids/HIV

Até junho de 2000, 34,3 milhões de pessoas no mundo viviam com o HIV, vírus causador da Aids. Desse total, 18,8 milhões deverão morrer; 3,8 milhões delas, crianças.

A África, que tem 10 por cento da população do mundo, abriga 70 por cento dos portadores de Aids/HIV (23 milhões). Em dezesseis países africanos, mais de 10 por cento dos que têm entre 15 e 49 anos estão infectados. Desde o começo da epidemia, 13,2 milhões de crianças ficaram órfãos por causa da Aids.

A **cada dia**, 8,5 mil crianças e jovens são infectados (**quase um a cada dez segundos**). Os jovens representam 50 por cento dos novos casos, o que mostra a necessidade de uma ação concreta por parte dos educadores e dos meios de comunicação de falar sobre o tema da prevenção e da não discriminação dos portadores.

Drogas

A droga afeta muitos países, ricos e pobres, e cruza fronteiras nacionais, étnicas e religiosas. Atinge pessoas de todos os níveis sociais. **O dinheiro de cada usuário abastece o tráfico de drogas**, que muitas vezes está associado à **criminalidade**, ao **mercado de armas**, e **gera mais violência** na sociedade.

As pessoas consomem drogas por várias razões: para mudar sua maneira de sentir, pensar ou se comportar. Elas podem ter efeitos depressivos (álcool, inalantes e solventes, derivados do ópio, ansiolíticos, barbitúricos), estimulantes (cocaína, *crack*, *ecstasy*, afetaminas) ou alucinógenos (maconha, LSD, cogumelos e plantas alucinógenas).

Hoje existem mais de 190 milhões de usuários de drogas no mundo, a maioria deles com menos de 30 anos.

- 141 milhões (2,4 por cento da população do mundo) consomem maconha;

- 13 milhões são viciados em cocaína; 8 milhões, em heroína, com poucas chances de cura; 30 milhões consomem afetaminas;

- apesar de o cigarro não ser considerado uma droga ilícita, seus **malefícios** são cada vez mais conhecidos e divulgados. No mundo, 1,2 bilhão de pessoas fumam e cerca de 4 milhões delas morrem prematuramente ao ano. No Brasil, temos mais de 30 milhões de fumantes, entre eles, mais de 3 milhões de 15 a 19 anos.

Trabalho infantil

Atualmente, 250 milhões de crianças que têm entre 5 e 14 anos trabalham para viver, a metade delas em período integral, todos os dias:

- 61 por cento vivem na Ásia; 32 por cento, na África; e 7 por cento, na América Latina;

- 71 por cento trabalham na agricultura e na pesca;

- 8,3 por cento trabalham em fábricas.

A maioria dessas crianças não pode estudar.

Em 1998, o número de crianças fora da escola foi de 113 milhões; 4,8 milhões na América Latina e no Caribe.

A educação básica é mais do que aprender a ler, escrever e fazer contas. Ela ultrapassa as fronteiras da escola e dá um senso de aprendizagem para todos os estágios da vida.

No Brasil, 7 milhões de crianças entre 5 e 17 anos trabalham, e a lei permite o emprego a partir dos 16 anos ou a aprendizagem a partir dos 14. Essas crianças trabalham principalmente na lavoura (laranja, fumo, sisal); em carvoarias, cerâmicas e olarias; em tecelagens e lixões; no mercado informal como camelôs ou em atividades domésticas. **Mais de 50 por cento dos menores não recebem remuneração fixa.**

Desenvolvimento

« Uma só mão não basta para subir em uma palmeira. »

Provérbio africano

V. Desenvolvimento humano

Em todo o mundo, as pessoas têm grandes esperanças de que as novas tecnologias tornem a vida mais sadia, ofereçam mais liberdades sociais, mais conhecimentos e vidas mais produtivas. Mas muitas pessoas temem que a tecnologia possa ser de pouca utilidade para o mundo em desenvolvimento e que agrave as desigualdades entre ricos e pobres.

Em alguns países desenvolvidos, as pessoas estão acima do peso, ingerindo remédios desnecessariamente, dirigindo veículos por longas distâncias. Enquanto o consumo e a economia destes países crescem, os números mundiais mostram que mais de 1,3 bilhão de pessoas ainda não têm acesso à água potável; os desastres naturais estão se tornando mais trágicos; e ainda não conseguimos derrotar a diarreia, a malária e a Aids.

O desafio do novo século é ampliar o progresso econômico e, ao mesmo tempo, parar o declínio ecológico.

Na Declaração do Milênio, das Nações Unidas, os líderes mundiais elaboraram um conjunto de metas relativas ao desenvolvimento e à erradicação da pobreza.

Relatório de desenvolvimento humano 2001

Declaração do Milênio

I – VALORES E PRINCÍPIOS

1. Nós, chefes de Estado e de governo, reunimo-nos na sede da Organização das Nações Unidas em Nova York, entre os dias 6 e 8 de setembro de 2000, no início de um novo milênio, para reafirmar a nossa fé na Organização e na sua Carta como bases indispensáveis de um mundo mais pacífico, mais próspero e mais justo.

2. Reconhecemos que, para além das responsabilidades que todos temos perante as nossas sociedades, temos a responsabilidade coletiva de respeitar e defender os princípios da dignidade humana, da igualdade e da eqüidade, a nível mundial. Como dirigentes, temos, pois, um dever para com todos os habitantes do planeta, em especial para com os mais desfavorecidos e, em particular, as crianças do mundo, a quem pertence o futuro.

3. Reafirmamos a nossa adesão aos propósitos e princípios da Carta das Nações Unidas, que demostraram ser intemporais e universais. De fato, a sua pertinência e capacidade como fonte de inspiração aumentaram, à medida que se multiplicaram os vínculos e se foi consolidando a interdependência entre as nações e os povos.

4. Estamos decididos a estabelecer uma paz justa e duradoura em todo o mundo, em conformidade com os propósitos e princípios da Carta. Reafirmamos a nossa determinação de apoiar todos os esforços que visam fazer respeitar a igualdade e soberania de todos os Estados, o respeito pela sua integridade territorial e independência política; a resolução dos conflitos por meios pacíficos e em consonância com os princípios de Justiça e do Direito Internacional; o direito à autodeterminação dos povos que permanecem sob domínio colonial e ocupação estrangeira; a não ingerência nos assuntos internos dos Estados; o respeito pelos direitos humanos e liberdades fundamentais; o respeito pela igualdade de direitos de todos, sem distinções por motivo de raça, sexo, língua ou religião; e a cooperação internacional para resolver os problemas internacionais de caráter econômico, social, cultural ou humanitário.

5. Pensamos que o principal desafio que se conosco depara hoje é conseguir que a globalização venha a ser uma força positiva para todos os povos do mundo, uma vez que, se é certo que a globalização oferece grandes possibilidades, atualmente os seus benefícios, assim como os seus custos, são distribuídos de forma muito desigual. Reconhecemos que os países em desenvolvimento e os países com economias em transição enfrentam sérias dificuldades para enfrentar esse problema fundamental. Assim, consideramos que só por meio de esforços amplos e sustentados para criar um futuro comum, baseado na nossa condição humana comum, em toda a sua diversidade, pode a globalização ser completamente equitativa e favorecer a inclusão. Esses esforços devem incluir a adoção de políticas e medidas, em nível mundial, que correspondam às necessidades dos países em desenvolvimento e das economias em transição e que sejam formuladas e aplicadas com a sua participação efetiva.

6. Consideramos que determinados valores fundamentais são essenciais para as relações internacionais no século XXI. Entre eles figuram:

A liberdade – Os homens e as mulheres têm o direito de viver a sua vida e de criar os seus filhos com dignidade, livres da fome e livres do medo da violência, da opressão e da injustiça. A melhor forma de garantir esses direitos é por meio de governos de democracia participativa baseados na vontade popular.

A igualdade – Nenhum indivíduo ou nação deve ser privado da possibilidade de beneficiar-se do desenvolvimento. A igualdade de direitos e de oportunidades entre homens e mulheres deve ser garantida.

A solidariedade – Os problemas mundiais devem ser enfrentados de modo que os custos e as responsabilidades sejam distribuídos com justiça, de acordo com os princípios fundamentais da equidade e da justiça social. Os que sofrem, ou os menos beneficiados, merecem a ajuda dos mais beneficiados.

A tolerância – Os seres humanos devem respeitar-se mutuamente, em toda a sua diversidade de crenças, culturas e línguas. Não se devem reprimir as diferenças dentro das sociedades nem entre estas. As diferenças devem, sim, ser apreciadas como bens preciosos de toda a humanidade. Deve promover-se ativamente uma cultura de paz e diálogo entre todas as civilizações.

Respeito pela natureza – É necessário atuar com prudência na gestão de todas as espécies e recursos naturais, de acordo com os princípios do desenvolvimento sustentável. Só assim poderemos conservar e transmitir aos nossos descendentes as imensuráveis riquezas que a natureza nos oferece. É preciso alterar os atuais padrões insustentáveis de produção e consumo, no interesse do nosso bem-estar futuro e no das futuras gerações.

Responsabilidade comum – A responsabilidade pela gestão do desenvolvimento económico e social no mundo e por enfrentar as ameaças à segurança e paz internacionais deve ser partilhada por todos os Estados do mundo e ser exercida multilateralmente. Sendo a organização de caráter mais universal e mais representativa de todo o mundo, a ONU deve desempenhar um papel central nesse domínio.

7. Com vista a traduzir estes valores em ações, identificamos um conjunto de objetivos-chave, a que atribuímos especial importância.

II – PAZ, SEGURANÇA E DESARMAMENTO

8. Não pouparemos esforços para libertar os nossos povos do flagelo da guerra – seja dentro dos Estados ou entre eles –, que, na última década, já custou mais de cinco milhões de vidas. Procuraremos também eliminar os perigos que as armas de destruição em massa representam.

9. Decidimos, portanto:

- consolidar o respeito pelo primado da lei nos assuntos internacionais e nacionais e, em particular, assegurar que os Estados-Membros cumpram as decisões do Tribunal Internacional de Justiça, de acordo com a Carta das Nações Unidas, nos litígios em que sejam partes;

- aumentar a eficácia das Nações Unidas na manutenção da paz e segurança, dotando a Organização dos recursos e dos instrumentos de que esta necessita para as suas tarefas de prevenção de conflitos, resolução pacífica de diferenças, manutenção da paz, consolidação da paz e reconstrução pós-conflitos. Nesse contexto, tomamos devida nota do relatório do Grupo sobre as Operações de Paz das Nações Unidas e pedimos à Assembléia Geral que se debruce quanto antes sobre as suas recomendações;

- intensificar a cooperação entre as Nações Unidas e as organizações regionais, de acordo com as disposições do capítulo VIII da Carta;
- assegurar que os Estados participantes apliquem os tratados, sobre questões como o controle de armamentos e o desarmamento, o direito internacional humanitário e os direitos humanos, e pedir a todos os Estados que considerem a possibilidade de assinar e ratificar o Estatuto de Roma do Tribunal Penal Internacional;
- adotar medidas concertadas contra o terrorismo internacional e aderir quanto antes a todas as convenções internacionais pertinentes;
- redobrar os nossos esforços para pôr em prática o nosso compromisso de lutar contra o problema mundial da droga;
- intensificar a luta contra o crime transnacional em todas as suas dimensões, nomeadamente contra o tráfico e contrabando de seres humanos, e a lavagem de dinheiro;
- reduzir tanto quanto possível as consequências negativas que as sanções econômicas impostas pelas Nações Unidas podem ter para as populações inocentes, submeter os regimes de sanções a análises periódicas e eliminar as conseqüências adversas das sanções para terceiros;
- lutar pela eliminação das armas de destruição em massa, em particular das armas nucleares, e não excluir qualquer via para atingir esse objetivo, nomeadamente a possibilidade de convocar uma conferência internacional para definir os meios adequados para eliminar os perigos nucleares;
- adotar medidas concentradas para pôr fim ao tráfico ilícito de armas ligeiras, designadamente tornando as transferências de armas mais transparentes e apoiando medidas de desarmamento regional, tendo em conta todas as recomendações da Conferência das Nações Unidas sobre o Comércio Ilícito de Armas Pessoais e Ligeiras;
- pedir a todos os Estados que considerem a possibilidade de aderir à Convenção sobre a Proibição do Uso, Armazenamento, Produção e Transferência de Minas Terrestres e sobre a sua Destruição, assim como às alterações ao protocolo sobre minas referente à Convenção sobre Armas Convencionais.

10. Instamos todos os Estados-Membros a observarem a Trégua Olímpica, individual e coletivamente, agora e no futuro, e a apoiarem o Comitê Olímpico Internacional no seu trabalho de promoção da paz e do entendimento humano por meio do desporto e do Ideal Olímpico.

III – O DESENVOLVIMENTO E A ERRADICAÇÃO DA POBREZA

11. Não pouparemos esforços para libertar os nossos semelhantes, homens, mulheres e crianças, das condições abjetas e desumanas da pobreza extrema, à qual estão submetidos atualmente mais de 1 bilhão de seres humanos. Estamos empenhados em fazer do direito ao desenvolvimento uma realidade para todos e em libertar toda a humanidade da carência.

12. Em consequência, decidimos criar condições propícias, em nível nacional e mundial, ao desenvolvimento e à eliminação da pobreza.

13. A realização desses objetivos depende, entre outras coisas, de uma boa governação em cada país. Depende também de uma boa governação no plano internacional e da transparência dos sistemas financeiros, monetários e comerciais. Propugnamos um sistema comercial e financeiro multilateral aberto, equitativo, baseado em normas, previsível e não discriminatório.

14. Estamos preocupados com os obstáculos que os países em desenvolvimento enfrentam para mobilizar os recursos necessários para financiar o seu desenvolvimento sustentável. Faremos, portanto, tudo o que estiver ao nosso alcance para que a Reunião Intergovernamental de alto nível sobre o financiamento do desenvolvimento, que se realizará em 2001, tenha êxito.

15. Decidimos também ter em conta as necessidades especiais dos países menos desenvolvidos. Nesse contexto, congratulamo-nos com a convocação da Terceira Conferência das Nações Unidas sobre os Países Menos Desenvolvidos, que irá realizar-se em maio de 2001, e tudo faremos para que obtenha resultados positivos. Pedimos aos países industrializados:

- que adotem, de preferência antes da Conferência, uma política de acesso, livre de direitos aduaneiros e de cotas, no que se refere a todas as exportações dos países menos desenvolvidos;

- que apliquem sem mais demora o programa melhorado de redução da dívida dos países mais pobres muito endividados e que acordem em cancelar todas as dividas públicas bilaterais contraídas por esses países, em troca de eles demonstrarem a sua firme determinação de reduzir a pobreza; e

- que concedam uma ajuda ao desenvolvimento mais generosa, especialmente aos países que se estão genuinamente a esforçar por aplicar os seus recursos na redução da pobreza.

16. Estamos também decididos a abordar de uma forma global e eficaz os problemas da dívida dos países em desenvolvimento com rendimentos baixos e médios, adotando diversas medidas de âmbito nacional e internacional, para que a sua dívida seja sustentável a longo prazo.

17. Resolvemos também responder às necessidades especiais dos pequenos Estados insulares em desenvolvimento, pondo rapidamente em prática o Programa de Ação de Barbados e as conclusões a que chegou a Assembleia Geral, na sua vigésima segunda sessão extraordinária. Instamos a comunidade internacional a velar para que, quando se elaborar um índice de vulnerabilidade, se tenham em conta as necessidades especiais dos pequenos Estados insulares em desenvolvimento.

18. Reconhecemos as necessidades e os problemas especiais dos países em desenvolvimento sem litoral, pelo que pedimos aos doadores bilaterais e multilaterais que aumentem a sua ajuda financeira e técnica a esse grupo de países, de modo a satisfazer as suas necessidades especiais de desenvolvimento e a ajudá-los a superar os obstáculos resultantes da sua situação geográfica, melhorando os seus sistemas de transporte em trânsito.

19. Decidimos ainda:

- reduzir pela metade, até ao ano 2015, a percentagem de habitantes do planeta com rendimentos inferiores a um dólar por dia e a das pessoas que passam fome; de igual modo, reduzir pela metade a percentagem de pessoas que não têm acesso a água potável ou carecem de meios para obtê-la;

- velar para que, até esse mesmo ano, as crianças de todo o mundo – meninos e meninas – possam concluir um ciclo completo de ensino primário e para que as crianças de ambos os sexos tenham acesso igual a todos os níveis de ensino;

- reduzir, até essa data, a mortalidade materna em três quartos e a mortalidade de crianças com menos de 5 anos, em dois terços, em relação às taxas atuais;

- até então ter detido e começado a inverter a tendência atual do HIV/Aids, do flagelo do paludismo e de outras doenças graves que afligem a humanidade;

- prestar assistência especial às crianças órfãs em decorrência do HIV/Aids;

- até ao ano 2020, ter melhorado consideravelmente a vida de pelo menos 100 milhões de habitantes das zonas degradadas, como foi proposto na iniciativa "Cidades sem bairros degradados".

20. Decidimos também:

- promover a igualdade entre os sexos e a autonomia da mulher como meios eficazes de combater a pobreza, a fome e as doenças e de promover um desenvolvimento verdadeiramente sustentável;
- formular e aplicar estratégias que proporcionem aos jovens de todo o mundo a possibilidade real de encontrar um trabalho digno e produtivo;
- incentivar a indústria farmacêutica a aumentar a disponibilidade dos medicamentos essenciais e a pô-los ao alcance de todas as pessoas dos países em desenvolvimento que deles necessitem;
- estabelecer formas sólidas de colaboração com o setor privado e com as organizações da sociedade civil em prol do desenvolvimento e da erradicação da pobreza;
- velar para que todos possam aproveitar os benefícios das novas tecnologias, em particular das tecnologias da informação e das comunicações, de acordo com as recomendações formuladas na Declaração Ministerial do Conselho Econômico e Social de 2000.

IV – PROTEÇÃO DO NOSSO MEIO COMUM

21. Não devemos poupar esforços para libertar toda a humanidade, acima de tudo os nossos filhos e netos, da ameaça de viver num planeta irremediavelmente destruído pelas atividades do homem e cujos recursos não serão suficientes para satisfazer as suas necessidades.

22. Reafirmamos o nosso apoio aos princípios do desenvolvimento sustentável, enunciados na Agenda 21, que foram acordados na Conferência das Nações Unidas sobre Meio Ambiente e Desenvolvimento.

23. Decidimos, portanto, adotar em todas as nossas medidas ambientais uma nova ética de conservação e de salvaguarda e começar por adotar as seguintes medidas:

- fazer tudo o que for possível para que o Protocolo de Kyoto entre em vigor, de preferência antes do décimo aniversário da Conferência das Nações Unidas sobre Meio Ambiente e Desenvolvimento, em 2002, e iniciar a redução das emissões de gases que provocam o efeito-estufa;
- intensificar os nossos esforços coletivos em prol da administração, conservação e desenvolvimento sustentável de todos os tipos de florestas;
- insistir na aplicação integral da Convenção sobre a Diversidade Biológica e da Convenção das Nações Unidas de Luta contra a Desertificação nos países afetados pela seca grave ou pela desertificação, em particular na África;
- pôr fim à exploração insustentável dos recursos hídricos, formulando estratégias de gestão nos planos regional, nacional e local capazes de promover um acesso eqüitativo e um abastecimento adequado;
- intensificar a cooperação para reduzir o número e os efeitos das catástrofes naturais e das catástrofes provocadas pelo homem;
- garantir o livre acesso à informação sobre a sequência do genoma humano.

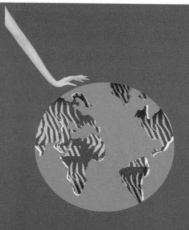

V – DIREITOS HUMANOS, DEMOCRACIA E BOA GOVERNANÇA

24. Não pouparemos esforços para promover a democracia e fortalecer o estado de direito, assim como o respeito por todos os direitos humanos e liberdades fundamentais internacionalmente reconhecidos, nomeadamente o direito ao desenvolvimento.

25. Decidimos, portanto:

- respeitar e fazer aplicar integralmente a Declaração Universal dos Direitos Humanos;
- esforçar-nos por conseguir a plena proteção e a promoção dos direitos civis, políticos, econômicos, sociais e culturais de todas as pessoas, em todos os países;
- aumentar, em todos os países, a capacidade de aplicar os princípios e as práticas democráticas e o respeito pelos direitos humanos, incluindo os direitos das minorias;
- lutar contra todas as formas de violência contra a mulher e aplicar a Convenção sobre a Eliminação de Todas as Formas de Discriminação contra a Mulher;
- adotar medidas para garantir o respeito e a proteção dos direitos humanos dos migrantes, dos trabalhadores migrantes e das suas famílias, para acabar com os atos de racismo e xenofobia, cada vez mais frequentes em muitas sociedades, e para promover uma maior harmonia e tolerância em todas as sociedades;
- trabalhar coletivamente para conseguir que os processos políticos sejam mais abrangentes, de modo a permitirem a participação efetiva de todos os cidadãos, em todos os países;
- assegurar o direito dos meios de comunicação a cumprirem a sua indispensável função e o direito do público de ter acesso à informação.

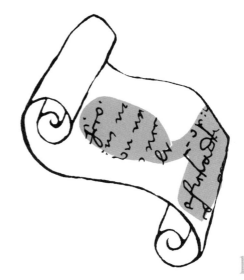

VI – PROTEÇÃO DOS GRUPOS VULNERÁVEIS

26. Não pouparemos esforços para conseguir que as crianças e todas populações civis que sofrem de maneira desproporcionada as conseqüências das catástrofes naturais, de atos de genocídio, dos conflitos armados e de outras situações de emergência humanitária recebam toda a assistência e a proteção de que necessitem para poderem retomar a vida normal quanto antes. Decidimos, portanto:

- aumentar e reforçar a proteção dos civis em situações de emergência complexas, em conformidade com o direito internacional humanitário;

- intensificar a cooperação internacional, designadamente a partilha do fardo que recai sobre os países que recebem refugiados, e a coordenação da assistência humanitária prestada a esses países; ajudar todos os refugiados e pessoas deslocadas a regressar voluntariamente às suas terras em condições de segurança e de dignidade, e a reintegrarem-se sem dificuldade nas suas respectivas sociedades;

- incentivar a ratificação e a aplicação integral da Convenção sobre os Direitos da Criança e seus protocolos facultativos, referentes à participação das crianças em conflitos armados e à venda de crianças, à prostituição e à pornografia infantil.

VII – RESPONDER ÀS NECESSIDADES ESPECIAIS NA ÁFRICA

27. Apoiaremos a consolidação da democracia na África e ajudaremos os africanos na sua luta por uma paz duradoura, pela erradicação da pobreza e pelo desenvolvimento sustentável, para que, dessa forma, a África possa integrar-se na economia mundial.

28. Decidimos, portanto:

- apoiar plenamente as estruturas políticas e institucionais das novas democracias na África;

- fomentar e apoiar mecanismos regionais e sub-regionais de prevenção de conflitos e de promoção da estabilidade política, e assegurar o financiamento regular das operações de manutenção da paz nesse continente;

- adotar medidas especiais para enfrentar os desafios da erradicação da pobreza e do desenvolvimento sustentável na África, tais como o cancelamento da dívida, a melhoria do acesso aos mercados, o aumento da ajuda oficial ao desenvolvimento e o aumento dos fluxos de investimento direto estrangeiro, assim como as transferências de tecnologia;

- ajudar a África a aumentar a sua capacidade de fazer frente à propagação do flagelo do HIV/Aids e de outras doenças infecciosas.

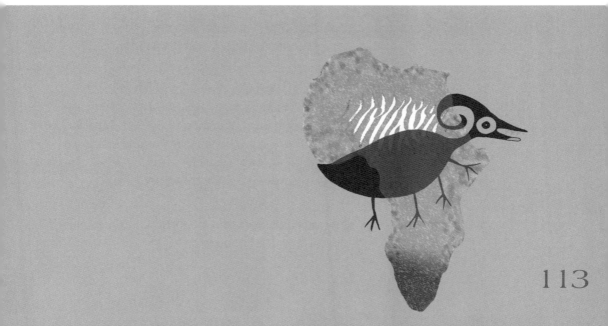

VIII – REFORÇAR AS NAÇÕES UNIDAS

29. Não pouparemos esforços para fazer das Nações Unidas um instrumento mais eficaz no desempenho das seguintes prioridades: a luta pelo desenvolvimento de todos os povos do mundo; a luta contra a pobreza, a ignorância e a doença; a luta contra a injustiça; a luta contra a violência, o terror e o crime; a luta contra a degradação e a destruição do nosso planeta.

30. Decidimos, portanto:

- reafirmar o papel central da Assembleia Geral como principal órgão de deliberação, de adoção de medidas e de representação das Nações Unidas, dando-lhe os meios para que possa desempenhar esse papel com eficácia;
- redobrar os nossos esforços para conseguir uma reforma ampla do Conselho de Segurança em todos os seus aspectos;
- reforçar ainda mais o Conselho Econômico e Social, com base nos seus recentes êxitos, de modo que possa desempenhar o papel que lhe foi atribuído pela Carta;
- reforçar o Tribunal Internacional de Justiça, de modo a que a justiça e o primado do direito prevaleçam nos assuntos internacionais;
- fomentar a coordenação e as consultas periódicas entre os principais órgãos das Nações Unidas no exercício das suas funções;
- velar para que a Organização conte, de forma regular e previsível, com os recursos de que necessita para cumprir os seus mandatos;
- instar o Secretariado a que, de acordo com as normas e procedimentos claros acordados pela Assembleia Geral, faça o melhor uso possível desses recursos no interesse de todos os Estados-Membros, aplicando as melhores práticas de gestão e tecnologias disponíveis e prestando especial atenção às tarefas que refletem as prioridades acordadas pelos Estados-Membros;
- promover a adesão à Convenção sobre a Segurança do Pessoal das Nações Unidas e do Pessoal Associado;

- velar para que exista maior coerência e melhor cooperação em matéria normativa entre as Nações Unidas, os seus organismos, as instituições de *Bretton Woods* e a Organização Mundial do Comércio, assim como outros órgãos multilaterais, tendo em vista conseguir uma abordagem coordenada dos problemas da paz e do desenvolvimento;

- prosseguir a intensificação da cooperação entre as Nações Unidas e os parlamentos nacionais mediante sua organização mundial, a União Interparlamentar, em diversos âmbitos, nomeadamente: a paz e segurança, o desenvolvimento econômico e social, o direito internacional e os direitos humanos, a democracia e as questões de gênero;

- oferecer ao setor privado, às organizações não governamentais e à sociedade civil em geral mais oportunidades de contribuírem para a realização dos objetivos e programas da Organização.

31. Pedimos à Assembleia Geral que examine periodicamente os progressos alcançados na aplicação das medidas propostas por esta Declaração e, ao Secretário-Geral, que publique relatórios periódicos para que sejam examinados pela Assembleia e sirvam de base para a adoção de medidas ulteriores.

32. Nesta ocasião histórica, reafirmamos solenemente que as Nações Unidas são a indispensável casa comum de toda a família humana, onde procuraremos realizar as nossas aspirações universais de paz, cooperação e desenvolvimento. Comprometemo-nos, portanto, a dar o nosso apoio ilimitado a esses objetivos comuns e declaramos a nossa determinação em concretizá-los.

8ª reunião plenária – 8 de setembro de 2000

Desafios do novo século

Muitos países estão longe de cumprir os objetivos propostos na Declaração do Milênio. Apenas como exemplo, dezoito países estão em vias de reduzir a pobreza à metade até 2015, mas 137 países estão atrasados nas metas. Trinta e nove estão em vias de reduzir pela metade a proporção de cidadãos que sofrem de fome; mas outros 72, não estão igualmente encaminhados. E 93 países, com 62 por cento da população mundial, não estão preparados para reduzir a mortalidade de menores de 5 anos para dois terços até 2015.

Talvez nosso maior desafio não seja tecnológico, econômico ou ambiental, mas, acima de tudo, moral, para assegurar um futuro sadio para a humanidade e o planeta.

Os principais desafios que deveremos enfrentar:

Água

Nos últimos setenta anos, foi multiplicado por seis o consumo de água. Até 2050, 4,2 bilhões de pessoas estarão vivendo em países que não satisfazem a necessidade diária de 50 litros de água por pessoa para atender às necessidades básicas. Apenas 3 por cento da água do planeta é doce; 77 por cento sob a forma de gelo; 22 por cento são águas subterrâneas e 1 por cento está em rios e lagos. Grande parte da produção de alimentos depende da irrigação. Cerca de 40 por cento dos alimentos mundiais são produzidos em terra irrigada.

Alimentos

Há no mundo hoje cerca de 1 bilhão de pessoas cronicamente desnutridas ou subnutridas. Desde meados do século XX, a área plantada de grãos por pessoa diminuiu 50 por cento (de 0,24 para 0,12 hectare). Caso a área mundial de grãos se mantenha mais ou menos estável, a área por pessoa se reduzirá a 0,08 hectare até 2050. A humanidade também depende dos oceanos para se alimentar, especialmente de proteína animal. Em 1997, a pesca oceânica atingiu 90 milhões de toneladas, mas estudos mostram que os oceanos não podem suportar uma pesca anual superior a 95 milhões de toneladas.

Encolhimento das florestas

A área florestal por pessoa no mundo está projetada a cair dos atuais 0,56 hectare para 0,38 hectare em 2050. Esse número reflete tanto o crescimento populacional quanto a transformação de florestas em áreas de cultivo. Em muitos casos, a demanda mundial crescente por produtos florestais – madeira, papel e lenha – já está ultrapassando a produção sustentável das florestas.

Desertificação

Os desertos crescem a um ritmo de 60 mil quilômetros quadrados por ano por causa dos fatores climáticos, desmatamento, agropecuária intensiva, mineração desordenada e uso de agrotóxicos. Um quarto da superfície do mundo está ameaçado pela desertificação, que já afeta 1,2 bilhão de pessoas.

Elevação das temperaturas

A temperatura média global está se elevando em virtude das concentrações cada vez maiores de dióxido de carbono (CO_2). Isso causa o derretimento das calotas polares e geleiras e a elevação do nível do mar. A estabilização do clima da Terra depende da redução das emissões de carbono, por meio da mudança de combustíveis fósseis para uma economia baseada em energia solar, eólica e de hidrogênio. Noventa por cento da energia comercial de todo o mundo continua a vir de combustíveis fósseis. Fontes alternativas de energia ainda representam apenas 1 por cento do total mundial.

Buraco na camada de ozônio

Situada na estratosfera, entre 20 e 35 quilômetros de altitude, com cerca de 15 quilômetros de espessura, a camada de ozônio é uma espécie de escudo que impede a passagem de parte da radiação ultravioleta emitida pelo sol. Essa radiação diminui a capacidade de fotossíntese das plantas e aumenta o risco de câncer de pele nas pessoas. A camada de ozônio está ameaçada por causa do aquecimento global, da emissão de clorofluorcarboneto (CFC) e da utilização na agricultura de certos inseticidas. Segundo a Nasa, em setembro de 2000, o buraco na camada de ozônio sobre a região da Antártica atingiu 28,5 milhões de quilômetros quadrados, o equivalente ao triplo da área dos Estados Unidos.

Chuva ácida

A queima de carvão e óleo ainda são fontes de energia em diversos países, principalmente asiáticos. Essa queima libera óxido de nitrogênio (NO) e dióxido de enxofre (SO_2), que retornam em forma de neve, neblina ou chuva ácida, e alteram a composição do solo e das águas, comprometendo lavouras, florestas e vida aquática.

Poluição

As principais causas da poluição do solo são o acúmulo de lixo sólido (embalagens de plástico, papel e metal) e de produtos químicos (fertilizantes, pesticidas e herbicidas). A poluição da água ocorre em virtude do lançamento de esgoto doméstico, lixo e resíduos resultantes de atividades industriais e agrícolas nos rios, lagos, mares e aquíferos. A poluição do ar é produzida principalmente pela queima de carvão e combustíveis derivados do petróleo.

Desaparecimento de espécies vegetais e animais

A proporção de aves, mamíferos e peixes vulneráveis, ou sob ameaça imediata de extinção, é de 11 por cento das 8.615 espécies de aves, 25 por cento dos 4.355 mamíferos mundiais e cerca de 34 por cento de todas as espécies de peixes. A causa principal da perda das espécies é a destruição dos hábitats e as alterações provocadas pelas temperaturas elevadas ou pela poluição. À medida que a população mundial cresce, o número de espécies com as quais dividimos o planeta se reduz.

A Carta da Terra

Durante os primeiros anos de existência da ONU, a questão ambiental ainda não constituía uma preocupação mundial. A partir da Conferência de Estocolmo, em 1972, a segurança ecológica tornou-se um dos principais temas em discussão nas Nações Unidas.

Em 1987, a Comissão Mundial sobre Meio Ambiente e Desenvolvimento (CMAD) recomendou a criação de uma nova carta ou declaração universal sobre a proteção ambiental e o desenvolvimento sustentável.

Em 1992, a Eco-92 iniciou o processo sobre a Declaração de Princípios do Rio. Formou-se uma secretaria internacional incumbida de dar prosseguimento ao projeto Carta da Terra.

Três anos depois, realizou-se em Haia, na Holanda, o Seminário Internacional sobre a Carta da Terra, em que foram definidas as necessidades, os principais elementos e a forma de elaboração da carta.

Em 1996 iniciou-se, com vários grupos, o processo de consulta, como parte da preparação para a Rio+5, que ocorreu no Rio de Janeiro, em 1997, quando foi constituída uma Comissão da Carta da Terra.

Na ocasião, chegou-se ao texto da primeira minuta de referência, que hoje norteia as discussões em todo o mundo.

Em 1998, foi realizada, em Cuiabá, Mato Grosso, a primeira conferência regional envolvendo os países da América Latina e Caribe e da América do Norte.

Em 2002, a Carta da Terra foi aprovada pela ONU, constituindo um código ético planetário.

O projeto inspira-se em uma variedade de fontes, incluindo a ecologia e outras ciências, as tradições religiosas e as filosóficas do mundo, a literatura sobre ética global, o meio ambiente e o desenvolvimento, a experiência prática dos povos, além das declarações e dos tratados governamentais e não governamentais.

Preâmbulo

Estamos diante de um momento crítico na história da Terra, numa época em que a humanidade deve escolher o seu futuro. À medida que o mundo torna-se cada vez mais interdependente e frágil, o futuro enfrenta, ao mesmo tempo, grandes perigos e grandes promessas. Para seguir adiante, devemos reconhecer que no meio de uma magnífica diversidade de culturas e formas de vida, somos uma família humana e uma comunidade terrestre com um destino comum. Devemos somar forças para gerar uma sociedade sustentável global baseada no respeito pela natureza, nos direitos humanos universais, na justiça econômica e numa cultura da paz. Para chegar a esse propósito, é imperativo que nós, os povos da Terra, declaremos nossa responsabilidade uns para com os outros, com a grande comunidade da vida e com as futuras gerações.

Terra, nosso lar

A humanidade é parte de um vasto universo em evolução. A Terra, nosso lar, está viva com uma comunidade de vida única. As forças da natureza fazem da existência uma aventura exigente e incerta, mas a Terra providenciou as condições essenciais para a evolução da vida. A capacidade de recuperação da comunidade da vida e o bem-estar da humanidade dependem da preservação de uma biosfera saudável com todos os seus sistemas ecológicos, uma rica variedade de plantas e animais, solos férteis, águas puras e ar limpo. O meio ambiente global com seus recursos finitos é uma preocupação comum de todas as pessoas. A proteção da vitalidade, da diversidade e da beleza da Terra é um dever sagrado.

A situação global

Os padrões dominantes de produção e consumo estão causando devastação ambiental, redução dos recursos e uma massiva extinção de espécies. Comunidades estão sendo arruinadas. Os benefícios do desenvolvimento não estão sendo divididos equitativamente e o fosso entre ricos e pobres está aumentando. A injustiça, a pobreza, a ignorância e os conflitos violentos têm aumentado e são causa de grande sofrimento. O crescimento sem precedentes da população humana tem sobrecarregado os sistemas ecológico e social. As bases da segurança global estão ameaçadas. Essas tendências são perigosas, mas não inevitáveis.

Desafios para o futuro

A escolha é nossa: formar uma aliança global para cuidar da Terra e uns dos outros ou arriscar a nossa destruição e a da diversidade da vida. São necessárias mudanças fundamentais dos nossos valores, instituições e modos de vida. Devemos entender que quando as necessidades básicas forem atingidas, o desenvolvimento humano será primariamente voltado a ser mais, não a ter mais. Temos o conhecimento e a tecnologia necessários para abastecer a todos e reduzir nossos impactos ao meio ambiente. O surgimento de uma sociedade civil global está criando novas oportunidades para construir um mundo democrático e humano. Nossos desafios, ambientais, econômicos, políticos, sociais e espirituais, estão interligados e juntos podemos forjar soluções includentes.

Responsabilidade universal

Para realizar essas aspirações devemos decidir viver com um sentido de responsabilidade universal, identificando-nos com toda a comunidade terrestre, bem como com nossa comunidade local. Somos ao mesmo tempo cidadãos de nações diferentes e de um mundo no qual a dimensão local e a global estão ligadas. Cada um comparte responsabilidade pelo presente e pelo futuro, pelo bem-estar da família humana e do grande mundo dos seres vivos. O espírito de solidariedade humana e de parentesco com toda a vida é fortalecido quando vivemos com reverência o mistério da existência, com gratidão pelo presente da vida e com humildade considerando o lugar que ocupa o ser humano na natureza.

Necessitamos com urgência de uma visão de valores básicos para proporcionar um fundamento ético à emergente comunidade mundial. Portanto, juntos na esperança, afirmamos os seguintes princípios, todos interdependentes, visando a um modo de vida sustentável como critério comum, pelos quais a conduta de todos os indivíduos, organizações, empresas de negócios, governos e instituições transnacionais será guiada e avaliada.

Princípios da Carta da Terra

I – RESPEITAR E CUIDAR DA COMUNIDADE DA VIDA

1. Respeitar a Terra e a vida em toda a sua diversidade.

- Reconhecer que todos os seres são interligados e cada forma de vida tem valor, independentemente do uso humano.
- Afirmar a fé na dignidade inerente de todos os seres humanos e no potencial intelectual, artístico, ético e espiritual da humanidade.

2. Cuidar da comunidade da vida com compreensão, compaixão e amor.

- Aceitar que com o direito de possuir, administrar e usar os recursos naturais vem o dever de impedir o dano causado ao meio ambiente e de proteger o direito das pessoas.
- Assumir que o aumento da liberdade, dos conhecimentos e do poder comporta responsabilidade na promoção do bem comum.

3. Construir sociedades democráticas que sejam justas, participativas, sustentáveis e pacíficas.

- Assegurar que as comunidades em todos níveis garantam os direitos humanos e as liberdades fundamentais e proporcionem a cada um a oportunidade de realizar seu pleno potencial.
- Promover a justiça econômica e social, propiciando a todos a consecução de uma subsistência significativa e segura que seja ecologicamente responsável.

4. Garantir a generosidade e a beleza da Terra para as atuais e as futuras gerações.

- Reconhecer que a liberdade de ação de cada geração é condicionada pelas necessidades das gerações futuras.
- Transmitir às futuras gerações valores, tradições e instituições que apoiem, a longo termo, a prosperidade das comunidades humanas e ecológicas da Terra.

Para poder cumprir esses quatro extensos compromissos, é necessário:

II – INTEGRIDADE ECOLÓGICA

5. Proteger e restaurar a integridade dos sistemas ecológicos da Terra, com especial preocupação pela diversidade biológica e pelos processos naturais que sustentam a vida.

- Adotar planos e regulações de desenvolvimento sustentável em todos os níveis que façam com que a conservação ambiental e a reabilitação sejam parte integral de todas as iniciativas de desenvolvimento.

- Estabelecer e proteger as reservas com uma natureza viável e da biosfera, incluindo terras selvagens e áreas marinhas, para proteger os sistemas de sustento à vida da Terra, manter a biodiversidade e preservar nossa herança natural.

- Promover a recuperação de espécies e ecossistemas em perigo.

- Controlar e erradicar organismos não nativos ou modificados geneticamente que causem dano às espécies nativas, ao meio ambiente, e prevenir a introdução desses organismos daninhos.

- Manejar o uso de recursos renováveis como a água, o solo, os produtos florestais e a vida marinha de modo a não exceder as taxas de regeneração e que protejam a sanidade dos ecossistemas.

- Manejar a extração e o uso de recursos não renováveis, como minerais e combustíveis fósseis, de forma que diminua a exaustão e não cause sério dano ambiental.

6. Prevenir o dano ao ambiente como o melhor método de proteção ambiental e, quando o conhecimento for limitado, tomar o caminho da prudência.

- Orientar ações para evitar a possibilidade de sérios ou irreversíveis danos ambientais mesmo quando a informação científica seja incompleta ou não conclusiva.
- Impor o ônus da prova àqueles que afirmam que a atividade proposta não causará dano significativo e fazer com que os grupos sejam responsabilizados pelo dano ambiental.
- Garantir que a decisão a ser tomada se oriente pelas consequências humanas globais, cumulativas, de longo termo, indiretas e de longa distância.
- Impedir a poluição de qualquer parte do meio ambiente e não permitir o aumento de substâncias radioativas, tóxicas ou outras substâncias perigosas.
- Evitar que atividades militares causem dano ao meio ambiente.

7. Adotar padrões de produção, consumo e reprodução que protejam as capacidades regenerativas da Terra, os direitos humanos e o bem-estar comunitário.

- Reduzir, reutilizar e reciclar materiais usados nos sistemas de produção e consumo e garantir que os resíduos possam ser assimilados pelos sistemas ecológicos.
- Atuar com restrição e eficiência no uso de energia e recorrer cada vez mais aos recursos energéticos renováveis, como a energia solar e do vento.
- Promover o desenvolvimento, a adoção e a transferência equitativa de tecnologias ambientais saudáveis.
- Incluir totalmente os custos ambientais e sociais de bens e serviços no preço de venda e habilitar os consumidores a identificar produtos que satisfaçam as mais altas normas sociais e ambientais.
- Garantir acesso universal ao cuidado da saúde que fomente a saúde reprodutiva e a reprodução responsável.
- Adotar estilos de vida que acentuem a qualidade de vida e a subsistência material num mundo finito.

8. Avançar o estudo da sustentabilidade ecológica e promover a troca aberta e a ampla aplicação do conhecimento adquirido.

- Apoiar a cooperação científica e técnica internacional relacionada à sustentabilidade, com especial atenção às necessidades das nações em desenvolvimento.
- Reconhecer e preservar os conhecimentos tradicionais e a sabedoria espiritual em todas as culturas que contribuam para a proteção ambiental e o bem-estar humano.
- Garantir que informações de vital importância para a saúde humana e para a proteção ambiental, incluindo informação genética, estejam disponíveis ao domínio público.

III – JUSTIÇA SOCIAL E ECONÔMICA

9. Erradicar a pobreza como um imperativo ético, social, econômico e ambiental.

- Garantir o direito à água potável, ao ar puro, à segurança alimentar, aos solos não contaminados, ao abrigo e saneamento seguro, distribuindo os recursos nacionais e internacionais requeridos.
- Prover cada ser humano de educação e recursos, para assegurar uma subsistência sustentável e dar seguro social (médico) e segurança coletiva a todos aqueles que não são capazes de manter a si mesmos.
- Reconhecer os ignorados, proteger os vulneráveis, servir àqueles que sofrem e permitir-lhes desenvolver suas capacidades e alcançar suas aspirações.

10. Garantir que as atividades econômicas e instituições em todos os níveis promovam o desenvolvimento humano de forma equitativa e sustentável.

- Promover a distribuição equitativa da riqueza dentro e entre nações.
- Incrementar os recursos intelectuais, financeiros, técnicos e sociais das nações em desenvolvimento e aliviar as dívidas internacionais onerosas.

- Garantir que todas as transações comerciais apoiem o uso de recursos sustentáveis, a proteção ambiental e as normas laborais progressistas.

- Exigir que corporações multinacionais e organizações financeiras internacionais atuem com transparência em benefício do bem comum e responsabilizá-las pelas consequências de suas atividades.

11. Afirmar a igualdade e a equidade de gênero como pré-requisitos para o desenvolvimento sustentável e assegurar o acesso universal à educação, ao cuidado da saúde e às oportunidades econômicas.

- Assegurar os direitos humanos das mulheres e das meninas e acabar com toda violência contra elas.

- Promover a participação ativa das mulheres em todos os aspectos da vida econômica, política, civil, social e cultural como parceiras plenas e partidárias, tomadoras de decisão, líderes e beneficiárias.

- Fortalecer as famílias e garantir a segurança e a criação amorosa de todos os membros da família.

12. Defender, sem discriminação, os direitos de todas as pessoas a um ambiente natural e social, capaz de assegurar a dignidade humana, a saúde corporal e o bem-estar espiritual, dando especial atenção aos direitos dos povos indígenas e das minorias.

- Eliminar a discriminação em todas as suas formas, como as baseadas em raça, cor, gênero, orientação sexual, religião, idioma e origem nacional, étnica ou social.

- Afirmar o direito dos povos indígenas à sua espiritualidade, conhecimentos, terras e recursos, assim como às suas práticas relacionadas a formas sustentáveis de vida.

- Honrar e apoiar os jovens das nossas comunidades, habilitando-os para cumprir seu papel essencial na criação de sociedades sustentáveis.

- Proteger e restaurar lugares notáveis, de significado cultural e espiritual.

IV – DEMOCRACIA, NÃO VIOLÊNCIA E PAZ

13. Fortalecer as instituições democráticas em todos os níveis e proporcionar-lhes transparência e prestação de contas no exercício do governo, a participação inclusiva na tomada de decisões e no acesso à justiça.

- Defender o direito de todas as pessoas de receber informação clara e oportuna sobre assuntos ambientais e todos os planos de desenvolvimento e atividades que possam afetá-las ou nos quais tenham interesse.
- Apoiar sociedades locais, regionais e globais e promover a participação significativa de todos os indivíduos e organizações na tomada de decisões.
- Proteger os direitos à liberdade de opinião, de expressão, de assembleia pacífica, de associação e de oposição (ou discordância).
- Instituir o acesso efetivo e eficiente a procedimentos administrativos e judiciais independentes, incluindo mediação e retificação dos danos ambientais e da ameaça de tais danos.
- Eliminar a corrupção em todas as instituições públicas e privadas.
- Fortalecer as comunidades locais, habilitando-as a cuidar dos seus próprios ambientes, e designar responsabilidades ambientais no nível governamental em que possam ser cumpridas mais efetivamente.

14. Incorporar à educação formal e à aprendizagem ao longo da vida os conhecimentos, os valores e as habilidades necessárias para um modo de vida sustentável.

- Oferecer a todos, especialmente a crianças e jovens, oportunidades educativas que lhes possibilitem contribuir ativamente para o desenvolvimento sustentável.
- Promover a contribuição das artes e humanidades, assim como das ciências, na educação sustentável.
- Intensificar o papel dos meios de comunicação de massas para aumentar a conscientização dos desafios ecológicos e sociais.

- Reconhecer a importância da educação moral e espiritual para uma subsistência sustentável.

15. Tratar todos os seres vivos com respeito e consideração.

    - Impedir crueldades aos animais mantidos em sociedades humanas e diminuir seus sofrimentos.
    - Proteger animais selvagens de métodos de caça, armadilhas e pesca que causem sofrimento extremo, prolongado ou evitável.

16. Promover uma cultura de tolerância, não violência e paz.

    - Estimular e apoiar o entendimento mútuo, a solidariedade e a cooperação entre todas as pessoas, dentro das nações e entre elas.
    - Implementar estratégias amplas para prevenir conflitos violentos e usar a colaboração na resolução de problemas para manejar e resolver conflitos ambientais e outras disputas.
    - Desmilitarizar os sistemas de segurança nacional até chegar ao nível de uma postura não provocativa da defesa e converter os recursos militares em propósitos pacíficos, incluindo restauração ecológica.
    - Eliminar armas nucleares, biológicas e tóxicas e outras armas de destruição em massa.
    - Assegurar que o uso do espaço orbital e cósmico mantenha a proteção ambiental e a paz.
    - Reconhecer que a paz é a plenitude criada por relações corretas consigo mesmo, com outras pessoas, outras culturas, outras vidas, com a Terra e com a totalidade maior da qual somos parte.

O caminho adiante

Como nunca antes na história, o destino comum nos conclama a buscar um novo começo. Tal renovação é a promessa dos princípios da Carta da Terra. Para cumprir essa promessa, temos de nos comprometer a adotar e promover os valores e objetivos da Carta.

Isso requer uma mudança na mente e no coração. Requer um novo sentido de interdependência global e de responsabilidade universal. Devemos desenvolver e aplicar com imaginação a visão de um modo de vida sustentável nos níveis local, nacional, regional e global. Nossa diversidade cultural é uma herança preciosa, e diferentes culturas encontrarão suas próprias e distintas formas de realizar essa visão.

Devemos aprofundar e expandir o diálogo global gerado pela Carta da Terra, porque temos muito que aprender com a busca iminente e conjunta da verdade e sabedoria.

A vida muitas vezes envolve tensões entre valores importantes. Isso pode significar escolhas difíceis. Porém, necessitamos encontrar caminhos para harmonizar a diversidade com a unidade, o exercício da liberdade com o bem comum, objetivos de curto prazo com metas de longo prazo. Todo indivíduo, família, organização e comunidade tem um papel vital a desempenhar. As artes, as ciências, as religiões, as instituições educativas, os meios de comunicação, as empresas, as organizações não governamentais e os governos são todos chamados a oferecer uma liderança criativa. A parceria entre governo, sociedade civil e empresas é essencial para uma governabilidade efetiva. Para construir uma comunidade global sustentável, as nações do mundo devem renovar seu compromisso com as Nações Unidas, cumprir com suas obrigações, respeitando os acordos internacionais existentes, e apoiar a implementação dos princípios da Carta da Terra com um instrumento internacional legalmente unificador quanto ao ambiente e ao desenvolvimento. Que o nosso tempo seja lembrado pelo despertar de uma nova reverência em face da vida, pelo compromisso firme de alcançar a sustentabilidade, a intensificação da luta pela justiça e pela paz e a alegre celebração da vida.

Informações

Datas comemorativas

Janeiro

- 1 – Dia da Confraternização Universal
- 6 – Dia da Gratidão
- 7 – Dia da Liberdade de Culto
- 21 – Dia Mundial da Religião
- 27 – Dia Internacional em Memória das Vítimas do Holocausto
- 30 – Dia de Gandhi

Fevereiro

- 14 – Dia do Amor
- 19 – Dia do Esporte
- 20 – Dia Mundial da Justiça Social
- 21 – Dia Internacional da Língua Materna

Março

- 4 – Dia Mundial da Oração
- 8 – Dia Internacional da Mulher
- 19 – Dia da Escola; Dia Nacional do Artesão
- 20 – Dia Internacional da Felicidade
- 21 – Dia Internacional para a Eliminação da Discriminação Racial; Dia Mundial da Poesia; Dia Mundial da Síndrome de Down; Dia Internacional das Florestas e da Árvore
- 21 a 28 – Semana de Solidariedade com os Povos em Luta contra o Racismo e a Discriminação Racial
- 22 – Dia Mundial da Água
- 23 – Dia Mundial da Meteorologia
- 24 – Dia Internacional para o Direito à Verdade para as Vítimas de Graves Violações dos Direitos Humanos
- 25 – Dia Internacional de Solidariedade aos Funcionários da ONU Presos e Desaparecidos; Dia Internacional em Memória das Vítimas da Escravidão e do Comércio Transatlântico de Escravos
- 27 – Dia do Circo; Dia Mundial do Teatro

Abril

- 2 – Dia Mundial de Sensibilização para o Autismo
- 4 – Dia Internacional de Sensibilização sobre Minas e Assistência à Desminagem
- 6 – Dia Internacional do Esporte para Desenvolvimento e Paz
- 7 – Dia Mundial da Saúde; Dia Internacional para Reflexão do Genocídio de 1994 em Ruanda;
- 15 – Dia da Conservação do Solo; Dia do Desarmamento Infantil
- 18 – Dia Nacional do Livro Infantil
- 19 – Dia Nacional do Índio
- 22 – Dia Internacional da Mãe Terra
- 23 – Dia Mundial do Livro e do Direito do Autor
- 28 – Dia da Educação
- 29 – Dia em Memória de todas as Vítimas de Armas Químicas

Maio

1º – Dia da Literatura Brasileira; Dia do Trabalho

3 – Dia do Sol; Dia Mundial da Liberdade de Imprensa

5 – Dia do Campo; Dia das Comunicações

7 – Dia do Silêncio

8 – Dia da Cruz Vermelha

8 e 9 – Momento de Lembrança e Reconciliação para aqueles que perderam suas vidas durante a II Guerra Mundial

13 – Dia da Abolição da Escravatura no Brasil (1888); Dia da Fraternidade Brasileira

15 – Dia Internacional das Famílias

17 – Dia Mundial das Telecomunicações; Dia Mundial da Sociedade da Informação

18 – Dia das Raças Indígenas da América

21 – Dia Mundial do Desenvolvimento Cultural; Dia Mundial para a Diversidade Cultural e para o Diálogo e o Desenvolvimento

25 – Dia Nacional da Adoção; Semana de Solidariedade com os Povos sem Governo Próprio

27 – Dia da Mata Atlântica; Dia Mundial dos Meios de Comunicação

28 – Dia da Saúde

29 – Dia Internacional dos Trabalhadores das Forças de Paz

31 – Dia Mundial de Combate ao Fumo

Junho

4 – Dia Internacional das Crianças Inocentes Vítimas de Agressão

5 – Dia Mundial do Meio Ambiente

8 – Dia Mundial dos Oceanos

12 – Dia Mundial contra o Trabalho Infantil

15 – Dia Mundial da Conscientização Contra o Abuso de Idosos

17 – Dia Mundial de Combate à Desertificação e à Seca

18 – Dia do Imigrante Japonês

20 – Dia Mundial dos Refugiados

21 – Dia da Mídia; Dia do Intelectual; Dia do Migrante, Dia Internacional da Música; Dia Universal Olímpico

23 – Dia das Nações Unidas para o Serviço Público

26 – Dia Internacional da Luta contra o Uso e o Tráfico de Drogas; Dia Internacional em Apoio às Vítimas de Tortura

Julho

1º sábado – Dia Internacional das Cooperativas
7 – Dia do Voluntário Social
10 – Dia Mundial da Lei
11 – Dia Mundial da População
14 – Dia da Liberdade de Pensamento; Dia do Doente; Dia Mundial do Hospital
15 – Dia Internacional do Homem 17–Dia da Proteção às Florestas 19–Dia da Caridade
18 – Dia Internacional Nelson Mandela
30 – Dia Internacional da Amizade

Agosto

5 – Dia Nacional da Saúde
9 – Dia Internacional dos Povos Indígenas
11 – Dia da Consciência Nacional; Dia do Advogado
12 – Dia Internacional da Juventude; Dia Nacional das Artes
13 – Dia do Pensamento
14 – Dia da Unidade Humana; Dia do Controle da Poluição Industrial
17 – Dia do Patrimônio Histórico 21–Dia da Habitação
19 – Dia Mundial da Ação Humanitária
23 – Dia Internacional para Relembrar o Tráfico de Escravos e sua Abolição
24 – Dia da Infância
26 – Dia Internacional da Igualdade Feminina
28 – Dia Nacional do Voluntariado
29 – Dia Internacional contra Testes Nucleares
30 – Dia Internacional das Vítimas de Desaparecimentos Forçados

Setembro

1º – Dia Internacional das Pessoas Idosas
5 – Dia Internacional da Caridade
8 – Dia Internacional da Alfabetização
12 – Dia das Nações Unidas para a Cooperação Sul-Sul
15 – Dia Internacional da Democracia
16 – Dia Internacional da Paz; Dia Internacional para a Preservação da Camada de Ozônio
17 – Dia da Compreensão Mundial
21 – Dia da Árvore; Dia Internacional da Paz
22 – Dia da Defesa da Fauna; Dia da Juventude no Brasil; Dia das Aves
23 – Dia Internacional Contra a Exploração Sexual e o Tráfico de Mulheres e Crianças
29 – Dia Marítimo Mundial

Outubro

1º – Dia Internacional das Pessoas Idosas
2 – Dia Internacional da Não Violência
1ª segunda-feira – Dia Mundial do Habitat
4 a 10 – Semana Mundial do Espaço Sideral
4 – Dia da Natureza; Dia Internacional do Poeta; Dia Mundial dos Animais; Dia Universal da Anistia
5 – Dia da Ave; Dia Mundial da Habitação; Dia Universal da Criança; Dia Mundial dos Professores
8 – Dia do Direito à Vida
9 – Dia da União Postal Universal
10 – Dia Mundial da Saúde Mental
11 – Dia do Deficiente Físico; Dia Internacional das Meninas
12 – Dia da Criança
13 – Dia da Vida; Dia Internacional da Prevenção de Catástrofes Naturais; Dia Internacional para a Redução de Desastre; Dia Mundial da Visão
15 – Dia da Educação Nacional; Dia do Educador Ambiental; Dia do Professor; Dia Internacional das Mulheres Rurais
16 – Dia da Ciência; Dia da Tecnologia; Dia Mundial da Alimentação
17 – Dia Internacional para a Erradicação da Pobreza; Dia Nacional da Vacinação
18 – Dia do Desarmamento Infantil; Dia do Pensamento Infantil
20 – Dia Mundial da Estatística
24 – Dia das Nações Unidas; Dia Internacional das Missões; Dia Mundial do Desenvolvimento da Informação
24 a 31 – Semana do Desarmamento; Semana Mundial da Paz
25 – Dia da Democracia
27 – Dia Mundial de Oração pela Paz

Novembro

4 – Dia Nacional da Cultura
6 – Dia Internacional para a Prevenção da Exploração do Meio Ambiente em Tempos de Guerra e Conflito Armado
8 – Dia Mundial do Urbanismo
Semana do dia 11 – Semana Internacional da Ciência e da Paz
14 – Dia Nacional da Alfabetização; Dia Mundial da Diabetes
16 – Dia Internacional para a Tolerância
17 – Dia da Criatividade; Dia Mundial da Filosofia
20 – Dia da Morte de Zumbi (1695); Dia Nacional da Consciência Negra; Dia da Proclamação dos Direitos da Criança (ONU); Dia em Memória das Vítimas de Acidentes de Trânsito e seus Familiares; Dia da Industrialização da África; Dia Universal da Criança
21 – Dia Mundial da Televisão
22 – Dia da Liberdade; Dia da Música; Dia do Músico
23 – Dia Nacional de Ação de Graças
25 – Dia Internacional do Doador de Sangue; Dia Internacional para a Eliminação da Violência contra a Mulher
27 – Dia da Infância
29 – Dia Internacional de Solidariedade com o Povo Palestino
30 – Dia do Estatuto da Terra

Dezembro

1º – Dia do Imigrante; Dia Mundial da luta no Combate à AIDS
2 – Dia Internacional para a Abolição da Escravatura
3 – Dia Internacional do Deficiente
5 – Dia da Cruz Vermelha Brasileira; Dia Internacional do Voluntário
7 – Dia Internacional da Aviação Civil
8 – Dia da Justiça; Dia Nacional da Família
9 – Dia das Crianças Especiais; Dia Internacional contra a Corrupção
10 – Dia dos Direitos Humanos
11 – Dia do Agrimensor; Dia Internacional das Montanhas
13 – Dia do Cego
18 – Dia Internacional dos Migrantes
20 – Dia da Bondade; Dia Internacional da Solidariedade Humana
23 – Dia do Vizinho
24 – Dia do Órfão; Dia Universal do Perdão
29 – Dia internacional da Biodiversidade
31 – Dia da Esperança

137

Anos internacionais

2000 – Ano Internacional de Ação de Graças; Ano Internacional da Cultura da Paz

2001 – Ano Internacional da Mobilização contra o Racismo, Discriminação Racial, Xenofobia e todas as formas de Intolerância; Ano Internacional dos Voluntários; Ano Internacional do Diálogo entre as Civilizações

2002 – Ano Internacional das Montanhas; Ano Internacional do Ecoturismo; Ano Internacional do Patrimônio Cultural

2003 – Ano Internacional da Água Potável

2004 – Ano Internacional para Celebrar a Luta contra a Escravidão e sua Abolição; Ano Internacional do Arroz

2005 – Ano Internacional do Microcrédito; Ano Internacional do Esporte e da Educação Física; Ano Internacional da Física

2006 – Ano Internacional dos Desertos e da Desertificação

2007 – Ano Internacional da Heliofísica

Março de 2007 a março de 2009 – Ano Polar Internacional

2008 – Ano Internacional do Saneamento; Ano Internacional do Planeta Terra; Ano Internacional da Batata; Ano Internacional dos Idiomas

2009 – Ano Internacional das Fibras Naturais; Ano Internacional da Reconciliação; Ano Internacional da Astronomia; Ano Internacional do Aprendizado de Direitos Humanos; Ano Internacional do Gorila

2010 – Ano Internacional da Biodiversidade; Ano Internacional para Aproximação das Culturas

2010-2011 – Ano Internacional da Juventude

2011 – Ano Internacional dos Povos Afrodescendentes; Ano Internacional da Química; Ano Internacional das Florestas

2012 – Ano Internacional das Cooperativas; Ano Internacional da Energia Sustentável para Todos;

2013 – Ano Internacional da Cooperação pela Água; Ano Internacional da Quinoa

2014 – Ano Internacional da Agricultura Familiar; Ano Internacional da Cristalografia

Décadas internacionais

2003-2012 – Década da Alfabetização: Educação para Todos
2005-2014 – Década das Nações Unidas para a Educação do Desenvolvimento Sustentável
2005-2015 – Década Internacional "Água para a Vida"
2010-2020 – Década das Nações Unidas para os Desertos e a Luta contra a Desertificação
2011-2020 – Década de Ação pelo Trânsito Seguro; Década das Nações Unidas sobre a Biodiversidade

Prêmio Nobel da Paz

O prêmio Nobel é concedido anualmente pela Fundação Nobel para pessoas e instituições que tenham contribuído de maneira significativa para o desenvolvimento humano nas áreas de física, química, fisiologia e medicina, literatura, paz e economia. A premiação é resultado da iniciativa do químico sueco Alfred Bernard Nobel (1833-1896), inventor da dinamite e da gelatina explosiva, que em seu testamento determinou a instituição de um fundo financeiro para "premiar aqueles que, no ano anterior, fizeram os maiores benefícios à espécie humana".

O primeiro prêmio foi concedido em 10 de dezembro de 1901, no quinto aniversário da morte de Nobel. O prêmio de paz é decidido por um comitê formado por cinco pessoas eleitas pelo Parlamento norueguês e entregue em Oslo, na Noruega (os demais prêmios são entregues em Estocolmo).

A seguir, a lista dos laureados do prêmio Nobel da Paz desde 1960:

1960 – Albert Lutuli, África do Sul
1961 – Dag Hammarskjöld, Suécia
1962 – Linus Pauling, EUA
1963 – Comitê Internacional da Cruz Vermelha; Liga das Sociedades da Cruz Vermelha
1964 – Martin Luther King, EUA
1965 – Unicef
1966 – Não atribuído
1967 – Não atribuído

1968 – René Cassin, França
1969 – Organização Internacional do Trabalho
1970 – Norman Borlaug, EUA
1971 – Willy Brandt, República Federal da Alemanha
1972 – Não atribuído
1973 – Henry Kissinger, EUA; Le Duc Tho, República Democrática do Vietnã
1974 – Seán MacBride, Irlanda; Eisaku Sato, Japão
1975 – Andrei Sakharov, URSS
1976 – Betty Williams, Irlanda do Norte; Mairead Corrigan, Irlanda do Norte
1977 – Anistia Internacional
1978 – Mohamed El Sadat, Egito; Menachem Begin, Israel
1979 – Madre Teresa de Calcutá, Índia
1980 – Adolfo Pérez Esquivel, Argentina
1981 – Departamento do Alto Comissário das Nações Unidas para os Refugiados
1982 – Alva Myrdal, Suécia; Alfonso Garcia Robles, México
1983 – Lech Walesa, Polônia
1984 – Desmond Tutu, África do Sul
1985 – Médicos Internacionais para a Prevenção da Guerra Nuclear
1986 – Elie Wiesel, EUA
1987 – Oscar Arias Sánchez, Costa Rica
1988 – Forças de Manutenção da Paz das Nações Unidas
1989 – Tenzin Giatso, 14o Dalai-Lama, Tibete
1990 – Mikhail Gorbachev, URSS
1991 – Aung San Suu Kyi, Birmânia
1992 – Rigoberta Menchú Tum, Guatemala
1993 – Nelson Mandela, África do Sul; Frederik de Klerk, África do Sul
1994 – Yasser Arafat, Palestina; Shimon Peres, Israel; Yitzhak Rabin, Israel
1995 – Joseph Rotblat, Grã-Bretanha; Conferências Pugwash, Canadá
1996 – Ximenes Belo, Timor Leste; José Ramos-Horta, Timor Leste
1997 – Campanha Internacional para a Eliminação de Minas; Jody Williams, EUA
1998 – John Hume, Irlanda do Norte; David Trimble, Irlanda do Norte
1999 – Médicos sem Fronteiras
2000 – Kim Dae Jung, Coreia do Sul
2001 – Kofi Annan, Gana – Secretário-geral das Nações Unidas
2002 – Jimmy Carter, EUA
2003 – Shirin Ebadi, Irã

2004 – Wangari Maathai, Quênia
2005 – Agência Internacional de Energia Atômica e Mohamed El Baradei, Egito
2006 – Muhammad Yunus e Grameen Bank
2007 – Al Gore e Painel Intergovernamental sobre Mudanças Climáticas
2008 – Martti Ahtisaari
2009 – Barack Obama
2010 – Liu Xiaobo
2011 – Ellen Johnson Sirleaf, Leymah Gbowee e Tawakul Karman
2012 – União Europeia
2013 – Organização para Proibição de Armas Químicas

Sites Internacionais

Organização das Nações Unidas (ONU)
www.onu.org.br

Organização das Nações Unidas para a Educação, Ciência e Cultura (Unesco)
www.unesco.org.br

Organização Mundial da Saúde (OMS)
www.who.int

Organização Pan-Americana da Saúde
www.paho.org/bra/

Fundo das Nações Unidas para a Infância (Unicef)
www.unicef.org.br

Programa das Nações Unidas para o Desenvolvimento (Pnud)
www.pnud.org.br

Programa das Nações Unidas para o Controle Internacional de Drogas (UNDCP)
www.undcp.org

Anistia Internacional
www.anistia.org.br

Cruz Vermelha
www.icrc.org

Aids
www.aids.gov.br
www.uniaids.org
www.thebody.com
www.stratshope.org
www.aegis.com
www.afxb.org (ação para os órfãos da AIDS)

Biodiversidade
www.unep.org
www.worldresources.org www.worldbank.org

Crianças
Fundo de Defesa das Crianças
www.childrensdefense.org
www.unicef.org
www.un.org/cyberschoolbus
www.savethechildren.org
www.unhchr.ch
www.ilo.org
www.humanrightswatch.org
www.undp.org
www.amnesty.org
www.crin.org
www.freethechildren.org

Desarmamento
www.child-soldiers.org
www.hrw.org
www.untresty.un.org
www.un.org

Direitos Humanos
www1.umn.edu/humanrts/peace
www.un.org/rights

Diversidade
National MultiCultural Institute
www.nmci.org
www.diversityleadershipforum.org
www.homeplanet.org
www.diversityweb.org
www.tolerance.org

Drogas
Programa de Controle de Drogas das Nações Unidas
www.onu.org.br/tema/drogas/
www.drogas.org.br
www.semdrogas.org.br
inpad.org.br/
www.undcp.org
www.ccsa.ca
www.nida.nih.gov
www.youthnet.org
www.unicef.org/voy

Educação
www.aacu-edu.org
www.unesco.org
www.unicef.org
www.ie-ie.org
www.un.org
www.unifem.undp.org

Fome
Organização das Nações Unidas para Agricultura e Alimentação (Fao)
www.fao.org

Programa Mundial para Alimentação (WFP)
www.wfp.org

World Hunger Year Inc. (WHY)
www.worldhungeryear.org
www.secondharvest.org
www.bread.org
www.frac.org
www.freedomfromhunger.org
www.justfood.org

Água
www.givewater.org
www.wateryear2003.org

Globalização
www.undp.org
www.un.org
www.wto.org
www.worldbank.org
www.go.com
www.bsr.org
www.icftu.org
www.ips.org
www.ipu.org
www.transparency.de
www.fes.de
www.fordfound.org

Internacional
Relógio do Mundo (EUA)
www.worldwatch.org

Paz
www.peace.ca (Canadá)
www.peaceportal.com
www.peacepeople.com
www.global-vision.org/peace

População
Fundo das Nações Unidas
para a População (Unfpa):
www.unfpa.org

Religiões
www.adherents.com
www.religioustolerance.org

Tolerância
www.wiesenthal.com (Museu da Tolerância)
www.tolerance.org
www.livingvalues.net

Sites - Brasil

ONU
www.unicrio.org.br

Unesco
www.unesco.org.br

Unicef
www.unicef.org.br

Pnud
www.br.undp.org

Drogas
www.undcp.org.br
www.drogas.org.br
www.combateasdrogas.com.br
www.einstein.com.br/alcooledrogas/
www.antidrogas.com.br

Relógio do Mundo
www.worldwatch.org.br

Associação Brasileira de
Organizações Não Governamentais
www.abong.org.br

Grupo de Institutos, Fundações e
Empresas
www.gife.org.br

Federação de Órgãos para Assistência
Social e Educacional
www.fase.org.br

Coordenadoria Ecumênica de Serviço
www.cese.org.br

Instituto Brasileiro de Análises
Sociais e Econômicas
www.ibase.br

Instituto Brasileiro de Geografia e
Estatística
www.ibge.org.br

Rede de Informações para
o Terceiro Setor
www.rits.org.br

Instituto Ethos de Empresas e
Responsabilidade Social
www.ethos.org.br

Fundação Peirópolis
www.peiropolis.org.br

Associação Palas Athena
www.palasathena.org

Núcleo pela Tolerância
www.faac.unesp.br

Instituto Sou da Paz
www.soudapaz.org

Universidade Holística Internacional
de Brasília (Unipaz)
www.unipaz.com.br

USP (Direitos Humanos)
www.direitoshumanos.usp.br

Educação para a paz
www.nep.org.br
www.unipazsp.org.br

Bibliografia

DALAI LAMA & CUTLER, Howard C. *A arte da felicidade – Um manual para a vida.* São Paulo: Martins Fontes, 2000.

DREW, Naomi. *A paz também se aprende.* São Paulo: Gaia, s.d.

SAMUEL, Albert. *As religiões hoje.* São Paulo: Paulus, 1997.

COMPARATO, Fábio Konder. *Afirmação histórica dos direitos humanos.* São Paulo: Saraiva, 1999.

ALBALA–BERTRAND, Luis. *Cidadania e educação rumo a uma prática significativa.*
  Campinas: Unesco / Papirus, 1999.

PRADO, Francisco Gutierrez Cruz. *Ecopedagogia e cidadania planetária.* São Paulo: Instituto Paulo Freire / Cortez, 2000.

PIKE, Graham & SELBY, David. *O professor global; o currículo global.* s.l.: Textonovo, 2001. (Educação global, 2)

DISKIN, Lia et al. *Ética, valores humanos e transformação.* São Paulo: Peirópolis, 1998.

Materiais da ONU

Material educativo sobre as Nações Unidas. Nível primário, intermediário e secundário. Nações Unidas, 1995.

ABC das Nações Unidas. Centro de Informações das Nações Unidas no Brasil, agosto de 1997.

Declaração universal dos direitos do homem. Centro de Informações das Nações Unidas no Brasil, 2000.

We, the peoples – The role of the United Nations in United Nations, 2001.

Palavras-chave

A

Antissemitismo – contrário, hostil aos judeus.

Altruísmo – sentimento de quem põe o interesse alheio acima do seu próprio.

Apartheid – separação forçada devido à raça ou cor.

B

Biodegradável – substâncias que podem ser decompostas em condições naturais sem causar impactos prejudiciais ao meio ambiente.

Biodiversidade – variedade de organismos vivos dentro dos complexos ecológicos em que habitam. O termo engloba diferentes ecossistemas, espécies e genes.

Biosfera – porção do planeta Terra que pode sustentar qualquer forma de vida.

C

Camada de ozônio – aquela que protege o planeta dos raios ultravioleta emitidos pelo Sol.

Cidadania – condição da pessoa que, como membro de um Estado, se acha no gozo de direitos que lhe permitem participar da vida política.

Clorofluorcarbono (CFC) – gás que era utilizado em sprays e aerossóis, hoje restrito a sistemas de refrigeração como condicionadores de ar e geladeiras por prejudicar a camada de ozônio.

Contaminação – microorganismos, agentes tóxicos, lixo e resíduos químicos que, quando descartados, prejudicam o meio ambiente.

D

Desenvolvimento sustentável – programas que podem melhorar a qualidade de vida das pessoas dentro da capacidade potencial do sistema de sobrevivência da Terra.

Diplomacia preventiva – mecanismo que impede que surjam controvérsias entre as partes, disputas que degenerem em conflitos e que limita a propagação destes, quando eles ocorrem.

Discriminação – diferenciação negativa no tratamento de um indivíduo ou um grupo com base em fundamentos como sexo, origem ou opinião, com o objetivo de impedir que alguém goze dos seus direitos.

E

Ecologia – estudo da relação de um ser vivo com outro ou com o meio natural em que vive.

Ecossistema – sistema de interatividade de uma comunidade biológica e seus arredores ambientais.

Egoísmo – amor excessivo ao bem próprio, sem consideração aos interesses alheios.

Equidade – disposição de reconhecer igualmente o direito de cada um.

Ética – estudo dos juízos de apreciação referentes à conduta humana, do ponto de vista do bem e do mal.

Etnocentrismo – exclusão com base na cultura ou língua; crença na noção de diferentes níveis e valores e na superioridade de algumas culturas.

G

Globalização – processo de integração econômica mundial que ocorre com a abertura do comércio internacional.

H

Hábitat – local onde uma população (animais, plantas ou microorganismos) vive e seus arredores orgânicos ou inorgânicos.

Holístico – dá preferência ao todo ou a um sistema completo e, não à separação das partes componentes.

I

Impacto ecológico – efeito que uma atividade realizada pelos seres humanos ou por outros fatores naturais pode causar na harmonia de um ambiente, afetando todos os seres que nele habitam.

Integridade ecológica – um sistema vivo tem integridade quando, mesmo perturbado, encontra meios de se recompor, voltando ao seu estado original.

M

Meio ambiente – soma de todas as condições que afetam a vida, o desenvolvimento e a sobrevivência de um organismo.

Migrante – alguém que se desloca de seu lugar de origem em busca de uma vida melhor ou de trabalho.

Mudança climática global – variações irregulares de clima como as decorrentes do dito aquecimento global.

O

ONG – organização não governamental – grupo de cidadãos (que não fazem parte do governo), local, nacional ou internacional, que desenvolve um trabalho sem fins lucrativos.

Orgânico – referente ou originado de qualquer ser vivo. Em química, significa qualquer composto que contenha carbono. Termo também usado para descrever produtos que não usam pesticidas em qualquer etapa de seu ciclo de vida.

Ostracismo – afastamento da vida social, intelectual etc.

P

Pacifistas – aqueles que propõem a paz universal e não admitem a guerra sob quaisquer circunstâncias, defendendo meios não violentos para lidar com a agressão e a opressão.

Prejulgamento – julgamento antecipado com base em generalizações, considerando fatos isolados ou comportamento específico de um indivíduo ou grupo.

Poluição – presença indevida de uma substância no ambiente, que, por conta de sua composição química ou quantidade exagerada, acaba por gerar efeitos indesejáveis para os seres que ali estão.

Poluição do ar – qualquer substância que pode prejudicar seres humanos, outros animais, vegetação ou materiais. Pode ser sólido, líquido ou gasoso. Existem cerca de cem tipos de poluentes do ar conhecidos.

R

Racismo – doutrina que sustenta a superioridade de certas raças.

Ratificar – concordar em cumprir o que determina um tratado, convenção etc.

Refugiado – pessoa que deixou o seu país em virtude de um receio fundado de perseguição por sua raça, religião, nacionalidade, opinião política ou grupo social.

Repatriado – refugiado que regressa ao seu país de origem.

Reciclagem ou reutilização – minimização da geração de lixo prolongando a vida útil dos materiais. Também é usado no sentido de atualização pedagógica ou cultural.

S

Sexismo – política e comportamento de excluir as mulheres da participação plena na sociedade e de desfrutar de todos os direitos humanos, acreditando na superioridade do homem sobre a mulher.

Signatário – quem assina um documento.

Superexposição ecológica – exposição de um ser não humano a um fator que perturba seu equilíbrio.

Sustentabilidade ecológica – manutenção de componentes de um ecossistema completo e em funcionamento para as futuras gerações.

T

Tolerância – capacidade de aceitar idéias e opiniões diferentes.

Maria Cristina von Atzingen, ou **Cristina Von** como prefere assinar, nasceu na cidade de São Paulo em 13 de agosto de 1962.
Formou-se em Publicidade e Propaganda na Fundação Armando Álvares Penteado – FAAP e, durante anos, trabalhou como *graphic designer*. Aos 35 anos, escreveu seus primeiros livros infantis. Depois disso, não parou mais – já publicou mais de quarenta livros, entre adultos e infanto-juvenis.

Taisa Borges é artista plástica, ilustradora e autora de dois livros de imagem: *O rouxinol e o imperador*, adaptação do conto de Andersen de mesmo nome, premiado como o Melhor Livro de Imagem 2005 pela Fundação Nacional do Livro Infantil e Juvenil (FNLIJ), e *João e Maria*, inspirado na obra dos Irmãos Grimm, ambos publicados pela Peirópolis. Sente a vida em cores e texturas.

www.editorapeiropolis.com.br

MISSÃO

Contribuir para a construção de um mundo mais solidário, justo e harmônico, publicando literatura que ofereça novas perspectivas para a compreensão do ser humano e do seu papel no planeta.

A gente publica o que gosta de ler:
livros que transformam!